À L'ASSAUT DES MAUVAISES FONDATIONS

LE POUVOIR DOIT CHANGER DE CAMP
Tome 1

Godson T. Nembo

À L'ASSAUT DES MAUVAISES FONDATIONS

Le pouvoir doit changer de camp Tome 1

ISBN : 978-0-9981436-2-0

Pour plus d'information
www.christianrestorationnetwork.org
www.facebook.com/godsontnembo
Email: info@christianrestorationnetwork.org

Ou écrivez à :
Tangumonkem Godson Nembo
BP 31339 Biyem Assi Yaounde – Cameroun
Tél. : (237) 674.495.895 ou 699.902.618

IEM PRESS est fier de présenter cette ouvrage et l'auteur. Les propos y mentionnés sont ceux de l'auteur lui-même. IEM Press lui accorde sont estampillé pou
marquer un design excellent, un contenu créative, et une production de haute qualité. Pour plus d'informations

concernant IEM Press, veiller consulter notre site web www.iempublishing.com

Sauf indication contraire, toutes les citations bibliques sont extraites de la Bible, Version Louis Segond.

DÉDICACE

Ce livre est dédié aux dirigeants et aux Chrétiens de la Mission du Plein Evangile de Cow Street qui n'ont pas cessé du labourer avec moi dans la vision de Prayer Storm « Tempête de Prière » et qui aujourd'hui touche des milliers de gens dans le monde.

TABLE DES MATIÈRES

INTRODUCTION

Bienvenue au Pouvoir doit Changer de Camp !

Ce livre intitulé *« LE POUVOIR DOIT CHANGER DE CAMP »* était écrit pour la 11e Édition de notre Jeûne Annuel de 30 jours. Nous avons décidé de le réimprimer à la demande de plusieurs qui ont été bénis par les enseignements qui s'y trouvent. Je crois que c'est Dieu qui l'a mis dans vos mains et que votre vie ne restera plus la même.

Vous êtes sur le point de vivre une expérience de 30 jours qui va résolument changer votre vie. Beaucoup de personnes tournent en rond dans la vie, d'autres deviennent la risée de tous à cause des manœuvres maléfiques de Satan dans leur vie. Le pouvoir doit changer de camp signifie que toutes les puissances démoniaques qui manipulent votre destinée doivent être détruites afin que le règne glorieux de notre Seigneur Jésus-Christ soit établi dans chaque domaine de votre vie. Sa sainteté, Sa puissance et Sa prospérité doivent devenir une réalité aussi bien dans votre vie que dans celle de votre famille.

Plusieurs personnes souffrent de situations qu'elles ignorent. Et en essayant de résoudre ces problèmes, elles s'attaquent aux branches et non pas aux racines. Le meilleur moyen de tuer définitivement un arbre c'est de couper ses racines. Dans ce livre, j'expose certaines mauvaises fondations sur lesquelles le diable et ses agents se fondent pour attaquer des individus, des familles, des tribus et des nations. Vous pourrez ainsi découvrir la racine de certains problèmes spirituels auxquels vous êtes confrontés. J'indique également comment vous pouvez briser ces mauvaises fondations. Plus de 500 sujets de prière poignants y sont répertoriés pour vous permettre de retrouver votre liberté et d'en jouir pleinement.

Le jeûne éloigne l'homme spirituel des plaisirs de la chair et le connecte au Saint-Esprit pour des expériences spirituelles plus profondes. Tandis que vous entamez ce mois de jeûne cette année, ayez foi que Dieu va vous mener à votre jubilé. Attendez-vous, après ces 30 jours, à des témoignages innombrables.

Bienvenue à cette fabuleuse expérience et que Dieu vous bénisse.

Rev. Tangumonkem Godson Nembo,
Bamenda –Cameroon 21 novembre 2011

QUELQUES TEMOIGNAGES RECUEILLIS DU JEÛNE ANNUEL OCTOBRE 2011

(Noms non mentionnés)

1. Le 10e jour du programme, mon fils, épileptique depuis 4 ans déjà, n'est pas retourné à la maison. Pendant que le programme de prière "le pouvoir doit changer de camp" était en cours, il s'est oint de boue, s'est aventuré pour Bambili et plus tard, il est allé à pied pour le village de son père situé après Mbengwi. Il a été bousculé par une moto mais n'a pas blessé. On l'a retrouvé et l'on a prié pour lui pendant le « Prayer Storm. » Il se porte bien aujourd'hui ; il n'a plus de crise d'épilepsie. Il est en pleine forme et fait ce qu'il ne faisait pas avant. Sa grand-mère paternelle a eu un malaise dès qu'il a été retrouvé, et est morte quelques jours après la mystérieuse manifestation. Qu'une telle manifestation et délivrance ait lieu, après que nous ayons fait des voyages au Nigéria et au-delà à la quête d'une aide spirituelle, montre que la présence et le pouvoir de Dieu sont vraiment en ce Pasteur Godson Nembo.

2. Durant la 2e semaine du programme, le Pasteur a fait une prophétie me concernant, disant qu'on m'a tiré une flèche dessus, qui a laissé une semence en moi et qui devait devenir un sérieux

problème de santé dès l'âge de 50 ans. On a prié pour moi. Un mal violent que je ressentais dans mon sein a disparu quelques jours après et le fibrome que j'avais a fondu immédiatement de mon col. Aujourd'hui je jouis d'une santé de fer.

3. Le 16e jour, Dieu m'a délivré d'un serpent qui apparemment vivait dans la maison depuis un temps. Au moment de me coucher ce soir-là, j'ai posé la tête sur l'oreiller et quelque chose est tombé. Quand je me suis courbé pour chercher ce qui était tombé sous le lit, j'ai vu un long serpent noir que j'ai confondu à un papier plastic et j'ai même failli le ramasser avec mes mains. J'ai fini par le tuer. Je comprends mieux maintenant Luc 10 :19 et Esaïe 59 :1-2.

4. Le 19e jour, je suis allé à Buéa accompagner mon fils qui allait à l'université. Nous sommes allés lui chercher une chambre dans une mini-cité. Arrivés, il y a eu tout un cafouillage. Malgré toutes les propositions faites, il n'a pu trouver une chambre à sa convenance. Déçus, nous sommes rentrés sur Bamenda. A notre arrivée, un ami nous attendait avec de bonnes nouvelles. C'était au sujet de son admission d'inscription pour l'Allemagne. Les projets de Buéa ont échoué, mais une meilleure porte a été ouverte à l'étranger.

5. Du 25e au 29e jour du programme, j'ai expérimenté une percée inédite dans tous les domaines de ma vie.

6. Je remercie et loue Dieu pour ma vie. Après avoir brûlé tout ce que j'avais en ma possession qui appartenait au diable, j'ai eu une vision cette même nuit. Dans cette vision, j'étais à l'Église du Plein Évangile de Cow Street et un dragon est venu lutter avec moi, mais il n'a pas pu me vaincre parce que j'étais couvert par le sang de Jésus. Le dragon m'a quitté et s'est enfuit. Je dis merci Seigneur pour avoir sauvé ma vie.

7. Je suis parti de Bafut pour prendre part au programme « Le Pouvoir doit Changer de Camp. » Dans la nuit du 6e jour, j'ai fait un rêve où j'ai vu un animal affreux sortir de moi. Pendant que je m'étonnais de ce qui se passait, il s'est retourné vers moi et j'ai constaté qu'il était décédé. Après cela, j'ai ressenti du feu me remplir, et j'ai suivi une voix venant du ciel déclarant « le feu du Saint Esprit.» Depuis lors, je suis libre et en forme.

8. J'ai longtemps prié pour avoir une boutique dans les rues commerciales de Yaoundé. Pendant les 30 jours de jeûne, un propriétaire m'a appelé pour un local. Il y avait plusieurs personnes qui bousculaint pour la boutique

mais le Seigneur m'a favorisé. Je Lui dis merci pour la Percé.

1ère partie :

SE PREPARER À LA PRIÈRE

Chapitre 1

LA PUISSANCE DU JEÛNE

Prière ne peut être comparée qu'à la puissance a puissance spirituelle induite par le jeûne et la atomique. Ceux qui savent tirer profit de cette puissance font des exploits. Les satanistes le savent et jeûnent pour ouvrir leur vie à la puissance satanique. Une information nous est parvenue selon laquelle les satanistes s'étaient rassemblés en Afrique du Sud afin de jeûner pour la destruction des familles chrétiennes. Il est rapporté qu'après ce jeûne, beaucoup de mariages chrétiens, et même ceux des grands ministres de l'évangile s'étaient lamentablement effondrés. Il y a de cela un mois, j'ai prié avec une fille de Bafoussam qui m'a dit qu'elle avait, quelque temps auparavant, jeûné pendant 40 jours juste pour acquérir de la puissance pour pouvoir détruire certaines familles. Après son jeûne, elle avait tué certaines personnes, même des membres de sa famille. J'ai eu à lire le témoignage d'un pasteur qui avait jeûné pendant un an pour pouvoir voir Lucifer.

Dans d'autres religions telles que le bouddhisme, l'hindouisme et l'islam, le jeûne est aussi pratiqué de manière régulière. Les médecins recommandent le jeûne pour la purification du corps. Il y a de cela quelques années, une dame me dit qu'un médecin lui avait recommandé un jeûne de trois jours après lequel elle avait recouvré sa santé, sans avoir à prendre des médicaments.

En 2001, le Seigneur m'avait donné le mandat de jeûner pendant 30 jours chaque année, afin de prier pour l'intervention de Dieu dans l'église. Par la grâce de Dieu, je l'ai fait fidèlement jusqu'à ce jour. Je ne saurais expliquer dans un livre ce que Dieu a fait dans ma vie pendant toutes ces années. C'était pendant la dixième édition l'année dernière, que le Seigneur m'a demandé d'y impliquer d'autres personnes. Beaucoup de ceux qui y ont pris part l'année dernière ont rendu des témoignages de guérisons, de délivrances et de percées. Juste un jour après les 30 jours de jeûne, Dieu me donna la voiture pour laquelle j'avais toujours prié : une RAV4. Mon ministère est passé à la vitesse supérieure. Il y a de la puissance dans le jeûne.

Même les animaux pratiquent le jeûne. Lorsque la chenille s'apprête à passer à l'étape suivante (papillon), elle cesse de s'alimenter. De même, l'aigle jeûne afin d'améliorer ses capacités de vol, ainsi de suite. Les serpents jeûnent lorsqu'ils se préparent à muer. Vous aussi vous pouvez jeûner.

Qu'est-ce que le jeûne ?

Le jeûne consiste à se priver de nourriture et d'eau pour chercher Dieu. Lorsque vous vous privez de nourriture et ne priez pas, on appelle cela grève de la faim et non jeûne. Pendant votre jeûne, vous devez mettre de côté suffisamment de temps pour attendre le Seigneur.

« Mais ceux qui se confient en l'Eternel renouvellent leur force. Ils prennent le vol comme les aigles ; ils courent, et ne se lassent point, ils marchent et ne se fatiguent point ». (Esaïe.40:31).

L 'impact du jeûne

1. Le jeûne nous aide à assujettir notre corps à notre esprit. (I Cor. 9:27)
2. Le jeûne aide à discipliner le corps, la pensée et l'esprit. (Prov. 25:28)
3. Le jeûne permet d'assujettir les désirs de la chair à ceux de l'esprit. (Gal. 5:17)

4. Le jeûne permet de définir les priorités de notre vie. (Mat. 6:33)
5. Jeûner c'est soupirer après Dieu. (Ps. 63:1-2)

Pourquoi faut-il jeûner ? – Le jeûne est la plus grande discipline spirituelle pour rechercher l'intervention de Dieu. Le jeûne et la prière constituent l'arme la plus redoutable du combat spirituel et de la délivrance de nos vies. Bien qu'on ne puisse pas manipuler Dieu pour qu'il réalise nos désirs, le jeûne (lorsque pratiqué de façon biblique) pousse Dieu à accomplir les intentions de Sa volonté sur les problèmes qui nous concernent. Nous jeûnons pour :

1. Honorer Dieu - Matt. 6:16-18, Luc 2:37, Actes 13:2, Matt. 5:6
2. Nous humilier – 2 Chron. 7:14-15
3. Rechercher la guérison divine - I Cor. 11:30, Jacques 5:13-18, Esaïe 59:1-2
4. Rechercher la délivrance des liens – Matt. 17 :21; Esaïe 58 :6-9 (briser les liens de la méchanceté)
5. Rechercher la révélation – la vision et la volonté de Dieu – Daniel 9:3, 20-21, Daniel 10:2-10, 12-13
6. Rechercher Dieu pour un réveil personnel ou collectif- Actes 1:4, 14 / 2:16-21, Joël 2:12-18
7. Se repentir des échecs personnels – Psaumes 51: Jér. 29:11-14, Jacques 4:8-10

Malheureusement de nos jours, peu de chrétiens prennent le jeûne au sérieux. Si nous le prenions tous au sérieux, il y aurait de grands réveils à travers le monde, la délivrance des liens (jougs) dans nos vies et dans la vie d'autres personnes. Nous serions aussi en même d'écouter Dieu de façon plus audible.

« Voici le jeûne auquel je prends plaisir : détache les chaînes de la méchanceté, Dénoue les liens de la servitude, Renvoie libres les opprimés, Et que l'on rompe toute espèce de joug... Alors tu appelleras, et l'Eternel répondra ; Tu crieras, et il dira : Me voici ! » (Esaïe 58:6-7, 9)

INSTRUCTIONS GENERALES A SUIVRE PENDANT LE JEÛNE

Tous ceux qui désirent prendre part à ce programme doivent scrupuleusement suivre ces instructions. Elles vous permettront d'atteindre de meilleurs résultats.

1. Avant de jeûner, décidez du nombre de jours de jeûne que vous voulez prendre.
2. Il existe essentiellement trois types de jeûne : le jeûne complet (pas de nourriture, pas d'eau), le jeûne avec eau seulement (pas de nourriture, mais de l'eau), et le jeûne partiel (vous mangez quelque chose une fois chaque jour). Pendant

ces 30 jours de jeûne, nous romprons le jeûne après la prière du soir et continuerons le lendemain.

3. Chaque matin, buvez au moins un litre d'eau (si possible tiède ou y ajouter quelques gouttes de citron. Ceci favorise la purification et la désintoxication).
4. Buvez au moins 2 litres d'eau chaque jour. Si vous ne buvez pas assez d'eau, vous pourrez nuire au fonctionnement de votre organisme.
5. Priez le matin avant 7 h, à midi entre 12h et 13h, ensuite rejoignez la prière générale entre 16 h 00 et 18 h 00: Chaque jour.
6. Lisez le passage du jour et mémorisez-le.
7. Utilisez les sujets de prière comme guide et ajoutez aussi les vôtres tel que le Saint-Esprit vous conduira.
8. Priez en vous appuyant sur la Parole de Dieu. Pendant que vous priez, utilisez des versets bibliques pour renforcer votre prière.
9. Soyez attentif à ce que le Saint-Esprit vous dira et assurez-vous que vous le notez dans un calepin.
10. Réglez tout différend avant de commencer le jeûne. Evitez les querelles et les disputes avant et après le jeûne.
11. Ne perdez pas de temps. Utilisez votre temps dans la prière, la lecture, le travail et le repos.

12. N'annoncez pas partout que vous êtes en train de jeûner (Matt.6 : 16-17).
13. Lavez-vous et soyez propre. Brossez-vous les dents régulièrement et aussi, parfumez-vous si possible (le corps dégage de mauvaises odeurs pendant le jeûne).
14. Priez avec un partenaire de prière si possible. Mais si vous n'en avez aucun, priez seul.
15. Ne vous focalisez pas sur les faiblesses du corps (le corps est juste en train de réagir contre l'absence de nourriture). Continuez à vous encourager vous-même en disant *« tout ira bien, je suis un aigle »*.
16. Priez pour les autres et non juste pour vous-même. Priez pour le Cameroun aussi.
17. Priez en ayant des attentes. Dieu ne vous laissera pas le chercher en vain.
18. Faites des sacrifices (dons et libéralités) pendant et après le jeûne.
19. Pour ce qui est des relations sexuelles pendant le jeûne, la Bible dit,

« Ne vous privez pas l'un de l'autre, si ce n'est d'un commun accord pour un temps, afin de vaquer à la prière ; puis retournez ensemble, de peur que Satan ne vous tente par votre incontinence ». (1 Cor.7:5).

Ce n'est pas un péché d'avoir des relations sexuelles pendant le jeûne quand les deux sont d'accord. Ce n'est pas correct d'en priver votre partenaire sans son consentement. Il est préférable de s'éloigner du sexe afin de se concentrer sur le jeûne. Que le Saint-Esprit vous guide.

Chapitre 2

ETAPES PRATIQUES POUR IDENTIFIER LES MAUVAISES FONDATIONS DANS VOTRE VIE

Probables de vos problèmes spirituels avant de e chapitre vise à vous aider à identifier les causes commencer à prier sérieusement. Il est dit qu'un problème découvert est à moitié résolu. Je crois que le Saint-Esprit vous aidera à découvrir ce que vous êtes censé savoir concernant votre cas, lorsque vous vous déterminerez à connaître la vérité. C'était à travers la lecture et les recherches que Daniel avait compris que leur captivité était limitée dans le temps.

« La première année de son règne, moi, Daniel, je vis par les livres qu'il devait s'écouler soixante-dix ans pour les ruines de Jérusalem, d'après le nombre des années dont l'Eternel avait parlé à Jérémie, le prophète. » (Dan. 9: 2).

Nous avons précédemment noté que l'ignorance est le plus grand outil dont se sert Satan pour tourmenter et maintenir le peuple de Dieu dans la servitude.

S'il vous plaît, ne prenez rien pour acquis, mais prenez du temps pour creuser les causes des problèmes dans votre vie. Certains croyants vivent sous la tromperie, pensant que tout va bien lorsqu'ils sont en réalité liés. En juin 2011, j'avais été invité à organiser un programme baptisé Prayer Storm (Tempête de Prière) à Yaoundé. Le quatrième jour du programme, une dame est montée pour témoigner que, lorsque son pasteur avait annoncé ce programme, elle s'était dit que cela ne la concernait pas puisque cela faisait longtemps qu'elle était croyante. Peu importe depuis combien de temps vous êtes croyant, si vous n'avez pas brisé l'emprise de l'ennemi sur votre vie, vous serez toujours tourmenté. Elle a dit que lorsqu'elle était arrivée au programme le troisième jour, j'avais demandé à tous ceux qui étaient dans la salle de prier toutes les prières de façon agressive même s'ils ne croyaient pas en ce qu'ils étaient en train de prier. Elle s'était jointe à la prière et peu de temps après, elle avait commencé à manifester étrangement. Pendant plus d'une heure, elle était en train de vomir. A la fin, elle s'est sentie libérée et elle pouvait dormir paisiblement. C'est un problème terrible de se dire qu'on n'a pas de problème pourtant l'ennemi vous dévore à l'intérieur.

Le Révérend Ndifor Cletus a l'habitude de dire que *« ce n'est pas un péché de répéter une prière, et il n'existe pas d'excès de prière non plus »*. Même si vous avez fait cet exercice auparavant, faites-le de nouveau et priez à travers ce livre. Votre vie ne sera plus la même. Nous voulons que tous les ennemis qui ont été écrasés le restent pour toujours. Ils ne se lèveront plus jamais tandis que nous évoluons de gloire en gloire.

QUELQUES SYMPTÔMES DES MAUVAISES FONDATIONS

Examinez attentivement les points ci-dessous ainsi que les questions pour retrouver où se trouve la racine de votre problème. Prenez le temps de répondre à ces questions. C'est une tâche sérieuse et coûteuse. Vous devez prier et beaucoup réfléchir. Vous pourriez être amené à rencontrer certaines personnes ou à leur téléphoner pour leur poser des questions. Vous pourriez être amené à lire d'autres livres pour une compréhension plus profonde. S'il vous plaît, n'hésitez pas à investir de votre argent et de votre temps dans votre destinée. Je suis très déçu par certains chrétiens qui ne peuvent pas acheter un moindre livre qui peut les aider. Ils peuvent dépenser d'énormes sommes d'argent sur d'autres choses, mais pas sur des livres. Je me souviens que j'ai voyagé pour le Nigeria cette année. J'ai acheté des livres, des CD et DVD d'une valeur de plus de cent mille francs pour ma bibliothèque. Je n'ai acheté qu'un seul vêtement pour moi-même d'une valeur de sept mille francs. Quand j'aurai fini avec tous ces supports, ma vie vaudra plus que des millions de francs CFA.

Rappelez-vous aussi que les symptômes sont différents du problème réel. Les symptômes du paludisme sont : maux de tête, courbatures, vomissements, fièvre, grelottements. Mais le paludisme lui-même est le fait d'un microbe qui vit dans le sang. Si vous ne traitez que les symptômes, le patient ne pourra jamais être guéri du paludisme complètement. Voilà pourquoi le Paracétamol n'est jamais un médicament pour traiter le paludisme, car il ne traite que les symptômes tels la fièvre et les douleurs. Nous voulons nous servir des symptômes pour traquer nos problèmes jusqu'à leurs racines tel que le Saint-Esprit va nous aider. Lorsque vous aurez fini avec les causes profondes de vos problèmes, vous poserez une nouvelle fondation pour la génération future. Ceux qui ont de mauvaises fondations présentent les symptômes suivants :

1. Ils souffrent constamment d'une dépression mentale et émotionnelle.
2. Maladie répétitive ou chronique, héréditaire, sans solution médicale.
3. Harcèlement sexuel dans les rêves.
4. Vie immorale (prostitution, viol, pornographie, inceste et abus).
5. Style de vie irresponsable (endettement, drogues, ivrognerie, jeux de hasard).
6. Cauchemars et combats dans des rêves (mari ou femme de nuit).
7. Stérilité prolongée et tentatives, menaces de fausses couches.
8. Mariage et famille brisés (divorce et remariage constants, multiples partenaires).
9. Mésententes dans la famille.
10. Incapacité à se marier.
11. Insuffisance financière permanente en dépit d'efforts sérieux.
12. Tendance aux accidents.
13. Impossibilité de commencer et de terminer (abandon des études, éternel recommencements).
14. Limitations dans la vie (financières, spirituelles, professionnelles, etc.).

15. Incidents de famille, morts prématurées, suicides, etc. Lire Deutéronome 28.
16. Foi en dents de scie.
17. Audition de voix étranges et apparitions étranges.
18. Violence (personnes belliqueuses).
19. Rejet catégorique de l'évangile.
20. Caractère cruel et méchant.
21. Repas dans les rêves.
22. Communion constante avec les morts dans les rêves.

ECRIVEZ LES RÉPONSES AUX QUESTIONS SUIVANTES :
(Vous pouvez utiliser un cahier à des fins privées)

1. Quel est votre nom? ....
2. Que signifie votre nom ? ....
3. Qui vous avait donné ce nom ? ....
4. Pourquoi vous avaient-ils donné ce nom ? ....
5. Portez-vous le nom d'une certaine personne, idole, d'un certain animal, arbre, etc. ?...............
6. Voyez-vous une ressemblance avec cette personne ? Si oui, il faut en découdre avec l'esprit familier et brisez la mauvaise fondation.

Certains noms doivent être changés immédiatement)..

7. Quel est le nom de famille et quelle est sa signification?..

   Du côté paternel..

   Du côté maternel.......................................

8. Que s'était-il passé avant votre naissance ? ....

9. Vos parents avaient-ils consulté un féticheur avant votre conception ? .... (Si oui, vous devez rompre ces alliances démoniaques avec les esprits de la fécondité, les autels et haut lieux démoniaques).

10. Êtes-vous un jumeau ? .... (Vous avait-on emmené au palais/à la chefferie ? Certains rituels avaient-ils été faits après votre naissance ? Si oui, révoquez les alliances démoniaques de ces esprits.)

11. Que s'était-il passé le jour-même devotre naissance ?...

12. Etes-vous né d'une façon anormale ? (Vous êtes venu au monde avec les pieds en premier. Qu'avait-on fait ?) ....

13. Êtes-vous un enfant naturel (né hors mariage) ? .... (Si oui, détruisez la fondation de l'instabilité, l'infidélité et le rejet).

14. Y avait-il eu un signe à votre naissance ?..............
15. Quelque chose d'étrange s'était-il produit à votre naissance ? ....
16. Que vous avait-on fait après votre naissance ?...
17. Vous avait-on dédié à un dieu ou à un haut lieu ?............ Comment s'appelle-t-il ?......................
(Si oui, vous devez rompre les alliances avec ces dieux et briser leur joug sur votre vie).
18. Quelles sont les idoles de votre famille ? Citez-les : ....
Vous devez renoncer à ces idoles, briser toute alliance avec elles et révoquer également avec leurs influences sur votre vie.
19. Votre famille a-t-elle des autels réservés à l'adoration des ancêtres ?.......................................
(Si oui, vous devez les dénoncer. Si vous détenez une idole, elle doit être brûlée).
20. Avez-vous un autel familial ?................................
Que se passe-t-il là-bas ?.......................................
Qui est le sacrificateur de ce dieu ? ....
Qui héritera de cette tâche par la suite ? ....
(Si oui, vous devez traiter avec les alliances démoniaques de chacun de ces dieux. Dénoncez-les)
21. Existe-t-il des collines, rochers, arbres, aliments, sources, marchés, etc. considérés comme sacrés

pour votre famille ? ... Il y a toujours des esprits associés à des choses pareilles (vous devez renoncer à chacune d'elles et déclarer votre soumission totale à Jésus-Christ).

22. Votre maison ou terrain familial est-il situé sur ou à côté des idoles. Cette maison est-elle bâtie sur un terrain à problème ou sur des tombes ancestrales ? Généralement, de telles familles sont hantées ou maudites. Vous devez identifier pourquoi il y a des disputes ou s'il y a un pacte ou un autel établi sur ce terrain et en découdre avec..

23. Votre famille garde-t-elle des objets traditionnels d'adoration (fétiches) ou des autels ?.................. (Si oui, alors vous devez renoncer à toute alliance que vos ancêtres ont conclue avec l'esprit qui se cache derrière ce fétiche. Mentionnez son nom. Si ce fétiche est sous votre pouvoir, il doit être brûlé (Deut.7:2, 5, 12:3).

24. Quelles étaient les professions de vos parents ou ancêtres ?
    Famille paternelle ....
    Famille maternelle..
    (Les professions de vos ancêtres peuvent apporter une bénédiction ou une malédiction. Renoncez à leurs mauvaises voies. Ezékiel18:1.

Les recherches ont montré que les mauvaises professions des parents posent une mauvaise fondation pour leurs descendants. Les marchands d'esclaves, les trafiquants, ceux qui se livrent aux jeux de hasard, les prostitués, les tradipraticiens, les voleurs, les propriétaires des débits de boisson, les corrompus, etc., leurs enfants souffriront de la misère et des calamités. Vous devez implorer la miséricorde).

25. Comment est-ce que vos parents/grands-parents ont vécu leur vie conjugale ?

    Côté paternel…………………………………………

    Côté maternel…………………………………………

    (Certains s'étaient mariés, avaient divorcé et s'étaient remariés un certain nombre de fois. C'est une fondation sûre pour des mariages instables. Réglez ce problème avec tout le sérieux qu'il mérite et soyez déterminé à vous marier selon la volonté de Dieu).

    De quelle maladie sont-ils morts ? ………………

26. Y a-t-il une/des maladie(s) commune(s) parmi les membres de votre famille ? ……………………………

    (Si oui, vous devez beaucoup prier pour annuler la puissance de cette maladie générationnelle. Ne concluez pas qu'il s'agit de la maladie de votre famille. Commencez à prier contre elle pour qu'elle ne courtcircuite pas votre destinée. Ma grand-mère était morte d'un problème bronchique à l'âge de 45 ans. Ma mère a commencé à souffrir de sérieux troubles bronchiques avant l'âge de 40 ans. Elle croyait qu'elle allait mourir avant 45 ans. Lorsqu'on a découvert qu'il s'agissait d'un problème générationnel lié à une malédiction de mort prématurée, elle est passée à la délivrance et aujourd'hui, elle a presque 60 ans et le problème ne se pose plus.

27. Y a-t-il des problèmes récurrents dans votre famille maintenant ? (chômage, graves querelles, etc.) Citez-les..............................
28. Y a-t-il certains péchés particuliers qui sont courants parmi les membres de votre famille tels que les gens peuvent s'en servir pour décrire votre famille ? (Vol, immoralité, méchanceté, orgueil, escroquerie, ivrognerie, violence, etc. Si oui, brisez le joug de cette captivité collective sur votre vie. Veillez sur votre vie pour ne pas suivre l'exemple de vos parents et autres membres de votre famille).
29. Est-ce que l'un de vos ancêtres avait pris un titre dans le village ? .... (Si oui, vous devez révoquer les forces qui se cachent derrière cette responsabilité).
30. L'un de vos parents/ancêtres était-il membre d'une société secrète ? ......Laquelle...... (Si oui,

briser les liens avec les esprits de ces sociétés secrètes qui réclament vos vies à cause des pactes maléfiques).

31. Avez-vous été introduit(e) dans une société secrète ? .... (Si oui, révoquez cette alliance et rompez officiellement avec un tel groupe. Ce n'est pas suffisant de quitter. Révoquez les pactes que vous avez établis avant).
32. Êtes-vous un successeur ? .... De qui ? ... Avezvous été initié ? .... Offrez-vous toujours des libations à vos ancêtres ? .... (Si oui, traitez avec les esprits ancestraux/familiaux et les malédictions. Renoncez-y et brûlez tous leurs autels. Vous pouvez être un chef de famille, mais ne versez jamais une libation à aucun ancêtre.)
33. Gardez-vous quelques objets sacrés ? .... (un sac, un pot d'argile, une bague de protection, des bracelets, une chaîne, des autels élevés dans votre maison, des bougies pour des prières, de l'encens, des herbes pour brûler, des écorces d'arbres, des miroirs, des talismans, des vêtements oints, ou toute autre chose utilisée pour la protection ou la chance ? Si oui, vous devez les détruire ou les apporter à n'importe quel serviteur de Dieu. Si vous ne pouvez pas les manipuler, invitez un ministre

oint de l'évangile de Jésus-Christ pour vous aider).

34. Constatez-vous quelque chose d'anormal dans le progrès des membres de votre famille ? .... (Il y a des hauteurs dans la vie qu'ils ne peuvent pas atteindre. J'ai rencontré une jeune fille d'une très grande famille qui m'a dit qu'aucun membre de sa famille n'avait jamais obtenu le « O Level » (équivalent BEPC).

EXAMINEZ VOTRE SITUATION FINANCIÈRE

35. Devez-vous de l'argent aux gens ?..........................
36. Vous est-il difficile de payer vos dettes même quand vous avez de l'argent ?....... (Si oui, vous êtes lié(e) et devez crier à Dieu pour qu'Il vous libère)
37. Travaillez-vous très dur, mais gagnez très peu ? .... (Si oui, il y a une malédiction de la pauvreté et du travail stérile).
38. Les gens vous doivent-ils et refusent de vous payer ?...................... (Si oui, vos finances font l'objet d'attaques sataniques).
39. Vous est-il difficile de payer votre dîme à Dieu ?...... (Si oui, vous êtes sous une malédiction. Repentez-vous et soyez libéré(e) pour qu'une

saison de rafraîchissement vienne sur votre chemin. Voir Malachie 3:8-12).

40. Financez-vous l'œuvre de Dieu avec joie ?......... (Si non, vous ne pouvez pas jouir d'une prospérité financière).
41. Donnez-vous généreusement aux nécessiteux ? .... Semez-vous librement dans la vie des serviteurs de Dieu ?..
42. Les gens vous font-ils facilement des dons ?...... (Si non, vérifiez combien vous donnez par mois. Ce que vous donnez détermine ce que vous recevez. (Voir Luc 6:38)
43. Soutenez-vous financièrement votre famille sans pression de la part de votre épouse ?............
44. Les membres de votre famille réussissent-ils facilement dans la vie ? ....
45. Utilisez-vous de faux diplômes ?......................... (Si oui, vous devez briser cette fausse fondation. Certains utilisent les diplômes des autres pour travailler, d'aucuns ont changé leur âge. C'est horrible lorsque vous qui connaissez la vérité empruntez cette voie. Vous ne pouvez jamais atteindre le meilleur de ce que vous êtes censé(e) par de telles méthodes).
46. Avez-vous déjà utilisé des charmes pour obtenir une faveur, un emploi ou vous faire de l'argent

?............ (Si oui, vous devez révoquer l'alliance maléfique avec le serpent appelé Mammon).

47. Avez-vous un charme ou un fétiche dans votre boutique ou y a-t-il une certaine loi que vous devez respecter pour prospérer ?... (Si oui, vous devez rompre ces alliances maléfiques avec les démons).
48. Avez-vous donné votre argent à un autel, l'avez-vous jeté dans une rivière, dans une tombe, etc. ? .... (Si oui, brisez les mauvaises alliances avec les dévoreurs démoniaques).

EXAMINEZ VOTRE SEXUALITÉ

49. Tombez-vous souvent dans l'immoralité sexuelle ? .... (Si oui, brisez tous les liens avec un conjoint/âme spirituelle. Voir dernier chapitre de « Lie l'homme fort »).
50. Vous masturbez-vous ou regardez-vous la pornographie ? ... (Traitez avec l'esprit d'immoralité.
51. Confessez et détruisez ces supports pornographiques).
52. Souffrez-vous de la convoitise ? ...... (Repentez-vous de tous ces actes immoraux, l'un après l'autre. Avant de commencer à prier, détruisez tous ces films sensuels, mini-jupes, musiques sensuelles, etc. que vous gardez chez vous).

53. Avez-vous par le passé promis le mariage à quelqu'un que vous n'avez finalement pas épousé ? .... (Si oui, alors vous devez vous dégager de cette promesse en demandant pardon à la personne et en brisant par la suite ce joug sur votre vie).
54. Entretenez-vous des relations sexuelles avec des inconnus dans vos rêves ? ... à quelle fréquence ? .... (Si oui, alors vous devez traiter avec la femme/le mari spirituel et aussi les influences des autels démoniaques sur votre vie).
55. Avez-vous dans le passé fait un pacte de sang avec quelqu'un pour quelque raison que ce soit ? .... (Si oui, vous devez rompre les liens d'âmes. Renoncez à cette personne dans votre vie. Utilisez le sang de Jésus pour annuler l'alliance démoniaque. Rejetez tout esprit démoniaque chargé d'appliquer cette alliance dans votre vie).
56. Êtes-vous divorcé ? .... (Si oui, vous devez briser les liens d'âmes pour vous séparer totalement de la personne. Voir dernier chapitre « Lie l'homme fort »).
57. Avez-vous jamais utilisé des charmes en amour ? .... (Si oui, vous devez rompre des alliances avec les esprits d'immoralité).

58. Avez-vous jamais été violé ? …… (Si oui, vous devez briser tout lien d'âmes vous reliant à la personne, l'esprit d'abus, d'immoralité et de rejet. Vous devez aussi pardonner à la personne).
59. Avez-vous eu une relation sexuelle avec un membre de la famille (père, sœur, frère, mère, cousin(e), tante, etc.) ? …….. (Si oui, vous devez traiter avec l'esprit d'inceste et aussi révoquer la malédiction. Voir Lévitique 18. Toute activité sexuelle avec les membres de la famille apporte de graves malédictions sur vous).
60. Avez-vous eu une relation sexuelle avec le même sexe : homosexualité ou lesbianisme ? …….. (Si oui, vous devez briser cette alliance et révoquer la malédiction).
61. Avez-vous eu une relation sexuelle avec un animal ? …. (Si oui, révoquez cette malédiction).
62. Avez-vous eu une relation sexuelle avec deux personnes de la même famille ? ……. (Si oui, vous devez vous repentir et révoquer cette malédiction. Voir Lev.18)
63. Vous voyez-vous marié(e), enceinte ou portant des enfants dans les rêves ?..... (Si oui, alors divorcez de ce conjoint spirituel et abandonnez l'adultère).
64. Avez-vous jamais été violé par quelqu'un dans le passé ? ……. (Si oui, révoquez la malédiction).

65. Vous êtes-vous prostitué(e) dans le passé ? ..... (Si oui, vous devez briser cette fausse fondation. C'est la cause de l'instabilité dans le mariage et l'esprit de vagabondage).
66. Avez-vous géré un bordel (un lieu où les gens paient pour commettre l'immoralité) ? .... (Si oui, révoquez la malédiction sur votre famille)
67. Depuis que vous vous êtes marié(e), avez-vous couché avec une autre personne ? .... (Si oui, brisez la malédiction sur vous et sur vos enfants - Voir David dans 2 Sam.12-13).
68. Depuis que vous avez donné votre vie à Jésus-Christ, avez-vous encore commis la fornication ? (si oui, vous devez briser cette mauvaise fondation que vous avez posée. C'est la cause des problèmes de certains chrétiens).

VOS ANTÉCÉDENTS FAMILIAUX

69. Êtes-vous issu(e) d'une famille polygame ? .... (Si oui, vous devez vous défaire de l'esprit de polygamie. La polygamie est une pure rébellion contre l'ordre divin et c'est un péché terrible. C'est un terrain fertile pour les conflits familiaux ; voir Jacob et David. Brisez la malédiction de l'infidélité et des partenaires multiples).

70. Si vous êtes issu(e) d'une famille polygame, quels sont les rapports entre votre mère et sa/ses coépouses et leurs enfants ? ... (C'est la cause de certains problèmes auxquels les gens font face).

71. Comment étaient les mariages de vos parents et grandsparents.. .... ?
   Identifiez leurs mauvaises
   Identifiez les bonnes pratiques que vous devez copier...

AUTRES

72. Avez-vous été lavé(e) nu(e) par des tradipraticiens à des carrefours, au bord de la rivière, dans un cimetière, sous des arbres ou à un autel familial ? ...... (Si oui, brisez ces alliances et purifiez-vous de ces souillures démoniaques. Tout ceci représente des portes ouvertes ou des échelles spirituelles permettant aux démons de vous attaquer).

73. Avez-vous des biens volés dans votre maison ?........................ (Si oui, retournez-les là où vous les avez pris ou détruisez-les).

74. Avez-vous tué quelqu'un (avortement, assassinat) ou avez-vous payé quelqu'un pour le

faire ?...(Si oui, traitez avec la malédiction du sang. Voir Caïn dans Gen. 4).

75. Vos parents ont-ils tué des gens ?........................ (Si oui, brisez cette malédiction du sang).
76. Où est votre cordon ombilical ? .... Comment avait-il été enterré ? .... (Brisez les alliances démoniaques avec les idoles de la maison de votre mère et celles de la maison de votre père. A partir d'aujourd'hui, vous ne donnerez plus jamais à personne le cordon ombilical d'aucun de vos enfants. Enterrez-le vous-même.)
77. Quelqu'un vous a-t-il jamais dit pourquoi vous ou votre famille passe par les problèmes que vous avez maintenant ?
78. Le Saint-Esprit vous a-t-il jamais montré dans un rêve la cause de votre problème ?............. Qu'en avez-vous fait ?

FAITES UN RÉCAPITULATIF (voici ce dont vous vous servirez pour prier)

Après avoir répondu aux questions ci-dessus, utilisez la seconde section pour identifier les points sur lesquels vous devez concentrer vos prières. Comme je l'ai dit plus haut, c'est une tâche sérieuse. Vous devez prendre votre temps si vous voulez voir des résultats. J'avais résolu ces points dans ma vie dans les jours d'ignorance. Je n'avais pas un livre de prière comme celui-ci pour me guider. Aujourd'hui par la grâce de Dieu, vous avez beaucoup de supports. Pourquoi ne pas prendre du temps pour traiter ces problèmes qui vous concernent, vous et les générations à venir.

« C'est pourquoi, frères, appliquez-vous d'autant plus à affermir votre vocation et votre élection; car, en faisant cela, vous ne broncherez jamais. » (2 Pierre. 1:10).

Dans le passé, j'ai eu à donner ce questionnaire à certaines personnes qui étaient venues me voir pour des prières et à ma grande surprise, certaines s'y sont précipitées et me l'ont ramené pour que je prie pour elles. Lorsque je leur demande pourquoi elles ont été si rapides et pourquoi elles n'ont pas répondu à certaines questions, elles disent rapidement qu'elles ne savent pas. Puissiez-vous ne pas gérer votre précieuse destinée avec « deux mains gauches » comme le Révérend Fongho Christopher aimait bien le dire.
Faites comme suit (utilisez un bout de papier ou votre livre de prière) :

1. **Identifiez les péchés que vous devez confesser** à partir des questions que vous avez répondues. (Vos péchés personnels, ceux de votre famille et ceux de votre village)....................................

2. **Nommez les idoles, autels, et divinités** que vous avez identifiés et avec lesquels vous devez en découdre ……………………………………………

3. **Identifiez les différents esprits dont vous devez vous séparer** (pensez à votre nom, les péchés courants dans votre vie et famille, les différentes idoles, les malédictions qui opèrent dans votre vie)……………………………………...

4. **Notez les différentes alliances auxquelles vous devez renoncer** (alliances personnelles, pactes familiaux et tribaux. Nous les traiteront un peu plus en détails plus loin)……………………………

5. **Notez les noms de tout(e) partenaire sexuel(le) dont vous devez vous séparer** (liens d'âme). Ceci comprend ceux/celles que vous gardez encore ou ceux/celles dont vous vous êtes déjà séparé(e)s. Dans la prière, vous devez séparer le corps, l'âme et l'esprit de chacun(e) d'eux/elles. Si vous avez arrêté de coucher avec eux/elles, alors vous n'êtes séparé qu'au niveau du corps. Ce n'est pas tout, vous devez vous séparer au niveau de l'âme et de l'esprit. Certaines personnes ne peuvent pas se souvenir de tous les noms de leurs partenaires sexuel(les). Après avoir traité avec ceux/celles que vous connaissez en détruisant leurs photos, bagues et tout autre matériel qui vous lie à la

personne, traitez avec ceux/celles dont vous ne vous souvenez plus. Vous n'avez pas besoin de ces photos dégoûtantes de votre vie immorale passée. Elles ne vous aideront pas du tout. Brûlez-les. Avant de donner ma vie à Christ, j'avais une petite amie. Elle était la première femme que j'avais connue et j'étais aussi le premier homme qu'elle avait connu. Nous étions si liés que même après avoir été baptisé par le Saint-Esprit, je continuais à la voir dans mes rêves beaucoup de fois dans la semaine. J'avais gardé l'une de ses photos que j'aimais beaucoup dans mon album photos. De temps à autre, je passais du temps à admirer cette photo. Le Saint-Esprit m'a demandé un jour de la brûler. Quand je l'ai brûlée, j'ai été totalement détaché d'elle. Faites de même.

6. **Identifiez les différents points de malédictions qui opèrent sur vous et votre famille**............ Il y a des malédictions que vous allez briser pendant que vous commencez à prier.

7. **Y a-t-il certaines choses qui doivent être brûlées ?** Nommez-les......................... Vous ne pouvez pas tromper Dieu ou les démons qui combattent votre vie. C'est étrange de nos jours de voir des gens gardant des charmes, fétiches, talismans, des livres de magie, d'horoscope,

etc., aller d'un point à l'autre à la recherche d'hommes de Dieu pour prier pour eux. Si vous continuez de la sorte, Dieu vous jugera. Se comporter de cette manière revient à se moquer de Dieu. Débarrassez-vous de ces effets pour qu'ils soient détruits avant que vous ne commenciez la prière. Si vous vous lancez dans les prières de ce livre sans détruire tous les objets sataniques en votre possession, les démons pourront terriblement vous frapper.

8. **Y a-t-il certaines personnes avec lesquelles vous ou votre famille devez faire la paix ?**

9. Nommez-les............ (Faites la paix avec Dieu et avec les hommes avant de commencer la prière. Certaines personnes ont manqué leur percée parce qu'elles ont des ennemis à qui elles ont refusé de pardonner. Jésus a averti que nous devons régler tous les différends avant de venir prier ; Matt. 5:23-24, 1 Pet.3:7).

10. **Quelle étape pratique prendrez-vous pour la réconciliation ?** Notez-la ....

11. **Y a-t-il des choses ou de l'argent que vous devez à quelqu'un ou à Dieu** en tant qu'individu ou famille ? .... Qu'allez-vous faire pour le résoudre ? Notez-le ....

Notez : *Votre prière ne peut pas manipuler Dieu et l'amener à compromettre Sa parole. Beaucoup de personnes prient et jeûnent beaucoup, mais voient très peu de résultats parce qu'elles ont manqué de mettre les choses dans l'ordre. Elles prient juste, laissant de côté certaines choses pratiques qu'elles devraient faire. Parfois, payer juste votre dette vous apporte la percée. Parfois, la réconciliation seule vous apporte la guérison. Soyez sage !*

Chapitre 3

SE LIBERER DES FONDATIONS SATANIQUES

Complètement libéré de toute forme de lien dans a vérité biblique est que vous pouvez être lequel vous êtes maintenant. Vous pouvez en réalité sortir de cette condition pour une autre dimension qui soit de très loin meilleure à celle dans laquelle vous êtes aujourd'hui. Cependant, pour que votre liberté devienne une réalité, il y a deux paramètres, notamment ce que vous devez savoir et ce que vous devez faire. Vous devez savoir ce que Jésus-Christ a fait pour vous sur la croix. Vous devez également appliquer ces connaissances pratiques à votre situation comme je vais vous le montrer. Rien ne pourra alors arrêter votre libération.

1. **Jésus-Christ est mort pour vous.**

   « Mais Dieu prouve son amour envers nous, en ce que, lorsque nous étions encore des pécheurs, Christ est mort pour nous. » (Rom. 5:8)

En d'autres termes, vous êtes libre de la peine de mort qui est normalement votre partage à cause de vos péchés et aussi des péchés de vos ancêtres. Vous êtes libre de la mort précoce et de la seconde mort.

2. **Tous vos péchés ont été pardonnés.**

   « Je vous écris, petits-enfants, parce que vos péchés vous sont pardonnés à cause de son nom. » (1 Jean 2:12)

Vous devez savoir avec certitude que tous les péchés que vous avez commis, confessés et abandonnés sont pardonnés.

3. **Vous avez été rachetés.**

   « Sachant que ce n'est pas par des choses périssables, par de l'argent ou de l'or, que vous avez été rachetés de la vaine manière de vivre que vous avez héritée de vos pères, mais par le sang précieux de Christ, comme d'un agneau sans défaut et sans tache » (1 Pierre 1:18-19).

Le mot "racheté" ici signifie reprendre du marché d'esclaves. Vous étiez vendu au péché et au diable. Vous avez également hérité d'une mauvaise fondation par votre famille, « ***de la vaine manière de vivre que vous avez héritée de vos pères*** ». Jésus vous a racheté sur le marché d'esclaves du péché et de la condamnation par son sang. Vous devez savoir sans l'ombre du moindre doute que vous avez été racheté. Vous n'êtes plus disponible sur le marché.

4. **Vous avez une nouvelle nationalité.**

> ***« Mais notre cité à nous est dans les cieux, d'où nous attendons aussi comme Sauveur le Seigneur Jésus-Christ » (Phil.3 :20)***

Lorsque vous acceptez Jésus-Christ comme votre Seigneur et Sauveur, vous êtes automatiquement transféré du royaume des ténèbres au royaume de lumière (Col. 1:12-13).

Vous devenez un enfant de Dieu (Jn 1:12). Les mauvaises fondations posées par votre famille/tribu n'ont plus de pouvoir légal sur vous parce que vous appartenez désormais à une nouvelle tribu. Votre nouvelle ligne est celle de la famille d'Abraham qui est un homme béni (Lire Galates 3:13, 29). Vous devez renoncer et résister aux malédictions de votre ancienne lignée et commencer à réclamer les bénédictions de votre nouvelle famille.

5. **Comprenez la portée de votre rédemption**

> ***« Et ils chantaient un cantique nouveau, en disant: Tu es digne de prendre le livre, et d'en ouvrir les sceaux ; car tu as été immolé,***

et tu as racheté pour Dieu par ton sang des hommes de toute tribu, de toute langue, de tout peuple, et de toute nation » (Apoc.5 :9)

Vous devez savoir que Jésus-Christ a payé un prix pour que vous cessiez d'être la propriété de votre tribu, langue, peuple et nation. Quelle que soit la malédiction qui influence votre tribu et votre famille, elle n'a aucun pouvoir sur vous parce que vous appartenez désormais à JésusChrist. Naturellement, je suis Bamumbu mais spirituellement, je suis un citoyen céleste et non plus Bamumbu. Les malédictions ou freins susceptibles de nuire aux Bamumbu ne peuvent plus me nuire parce que j'ai été racheté et transféré dans un nouveau royaume et une nouvelle tribu, le royaume de Jésus. Si le diable et ses démons tentent de me nuire, le sang de Jésus parlera en ma faveur, leur disant que Godson a été racheté. Il est un enfant de Dieu. (Héb. 12:24). Telle est la base de notre combat spirituel. Nous voulons rappeler au diable que nous sommes libres par le sang de Jésus-Christ et pour cela, nous avons droit à et devons jouir de tout ce qu'il met à notre disposition, notamment la paix, la prospérité, la bonne santé, la vie éternelle, etc.

6. **Les réclamations de Satan sont annulées**

    « Il a effacé l'acte dont les ordonnances nous condamnaient et qui subsistait contre nous, et il l'a détruit en le clouant à la croix; » (Col. 2:14).

Satan a une plainte contre chaque pécheur. La Bible appelle cette plainte *« acte dont les ordonnances nous condamnaient et qui subsistait contre nous »* Jésus-Christ a retiré et annulé cette plainte de Satan par son sang. La vérité est que si vous êtes chrétien, satan et ses démons n'ont aucune raison valable de vous tourmenter. C'est pour cette raison que vous devez haïr le péché et mener une vie de sainteté. Dans votre combat spirituel contre les mauvaises fondations, vous dites au diable que vous avez été disculpé et acquitté. Il n'a donc plus de raison de vous retenir.

ETAPES PRATIQUES VERS LA LIBERTE
(Ce que vous devez faire)

1. **Identifiez les mauvaises fondations.** Ceci implique des recherches (en posant des questions telles que vu au chapitre 3), de la révélation (en priant Dieu pour son aide).

2. **Confessez les pratiques démoniaques. Confessez vos péchés et ceux de vos ancêtres.** Dieu est en colère lorsque les gens commettent

des péchés (Deut.27:15). Demandez à Dieu de vous pardonner en raison de la mort de Christ sur la croix pour vos péchés. Demandez également aux personnes que vous avez offensées de vous pardonner.

3. **Renoncez (refusez) à toutes les alliances et pactes démoniaques.** Le Diable ne peut jamais lier quelqu'un sans qu'aucune porte ne lui soit ouverte. Lorsqu'on emmène des enfants chez des tradipraticiens pour la protection, ces derniers (agents de Satan) établissent des alliances entre les enfants et les démons.

4. **Brisez ces fondations démoniaques.** Utilisez les armes du combat spirituel et commencez de façon agressive à renverser, déraciner, disperser et détruire ces fondations démoniaques. Appelez-les par leurs noms. A ce niveau, nous ne faisons plus des prières généralisées, soyez spécifique. Voir « Lie l'homme fort » et « La délivrance personnelle et familiale ». Vous avez aussi besoin que votre dirigeant spirituel vous rende ministère (Deut. 33:1, Num. 6:22-26).

5. **Résistez au Diable.** Satan ne va pas juste s'asseoir et vous observer prendre votre liberté. Il vous combattra avec toute sa force. Voilà pourquoi lorsque parfois vous vous attaquez à des problèmes de fondation et vous engagez

dans le combat spirituel, il y a des réactions étranges. Si vous voulez vraiment être libre, vous devez combattre de tout votre cœur (Matt. 11:12), les esprits méchants s'enfuiront (Jacques 4:7). Certains chrétiens peureux conseillent de laisser le diable et ses agents tranquilles. Les laisser tranquilles ne vous rend pas libre de vos liens. Si vous avez découvert un problème dans votre vie, soyez agressif et combattez jusqu'à l'obtention de votre liberté au nom de Jésus.

6. **Détruisez les biens de Satan.** Si vous avez quelques affaires lui appartenant, brûlez-les (Actes 19:19-20). Cette affaire pourrait être un pot d'argile, un « sac du village », une bague, un charme, des livres occultes, des bougies, des eaux sacrées, certaines huiles, etc. Si vous continuez de les garder, vous ne pouvez pas être totalement libre. Au cas où vous avez peur, cherchez l'aide d'un serviteur de Dieu oint.

7. **Changez vos croyances.** Rejetez toutes les fausses croyances et acceptez la parole de Dieu comme seule référence pour votre vie. Arrêtez d'interpréter les situations de la vie suivant les superstitions de votre tribu. Peut-être dans votre village, un serpent à côté de la maison indique la présence de mauvais esprits. Vous

devez renouveler votre pensée avec la parole de Dieu (voir Romains 12:1-3). Maintenant que vous êtes en Christ, vous avez reçu le pouvoir de marcher sur les serpents (Luc 10:19). Tandis que vous utilisez la parole de Dieu pour orienter chaque aspect de votre vie, continuez de profiter de votre liberté en Christ. Si jamais vous mettez la parole de Dieu de côté, Satan et vos désirs malsains vous tiendront à nouveau captif.

8. **Changez votre façon de vivre.** Si vous continuez dans les pratiques de vos ancêtres, vous ne pourrez jamais être libre. Maintenant que vous connaissez le mal qu'ils ont fait, choisissez d'agir différemment. Evitez ce qui les a détruits. C'est la seule façon de rebâtir une nouvelle fondation. Priez beaucoup et toujours. Priez de manière stratégique (lisez mon livre, « Une vie de prière dynamique »).

9. **Consacrez-vous à la lecture et à la méditation de la parole de Dieu.** Obéissez chaque parole à la lettre. C'est la parole de Dieu qui bâtira une nouvelle fondation pour votre vie et votre famille. Vous souffrez aujourd'hui parce que vos ancêtres n'avaient pas établi votre descendance sur les principes bibliques. Vous avez l'opportunité d'établir une bonne

fondation pour votre descendance par votre consécration à Dieu.

10. **Donnez généreusement.** Tous ceux qui avaient de bonnes fondations spirituelles dans la Bible savaient donner. Vous aussi devez apprendre à donner sacrificiellement. Ne permettez pas à l'œuvre de Dieu de connaître la honte quand vous êtes-là. Lorsque vous rendez disponible tout ce que vous avez pour l'œuvre de Dieu, Lui aussi rendra disponible tout ce qu'Il a pour vous (voir Prov. 11:24-26).

11. **Travaillez dur et intelligemment.** Dieu ne bénira que l'œuvre de vos mains (voir Deut. 28:8). Il ne libère pas ses bénédictions à tout vent. Les bénédictions divines répondent à certains critères que vous devez remplir ; l'ardeur au travail est l'une de ces conditions. Tandis que vous priez, faites quelque chose qui puisse générer de l'argent pour prendre soin de vous-même et des autres.

12. **Côtoyez des personnes qui craignent Dieu.** Ces personnes pieuses vous aideront à vivre votre vie nouvelle en Christ. Vous apprendrez d'elles comment prier et respecter les commandements de Dieu. Le coaching d'un serviteur de Dieu oint déterminera jusqu'où vous pourrez aller.

2ème partie :

MARATHON DE PRIÈRE

Chapitre 4

LES DÉCLARATIONS PROPHÉTIQUES SUR VOTRE VIE

Session de prière. Déclare -les avec autorité et fais ces déclarations prophétiques à la fin de chaque assurance. La bible dit:

« A tes résolutions répondra le succès ; sur tes sentiers brillera la lumière. » (Job 22 :28).

Lorsque tu connectes ce verset au verset 27, le résumé est: « après que tu aies prié, le succès répondra à tes résolutions. ». Apprends à prophétiser dans ta vie.

1. *Par la miséricorde du Très-Haut je ne serai pas ébranlé au nom de Jésus.*
2. *Dès ce jour, Jésus-Christ régnera dans tous les domaines de ma vie.*

3. *Par la puissance de la résurrection du Seigneur Jésus-Christ, je déclare la vie aux choses mortes dans ma vie, au nom de Jésus.*
4. *Par la puissance de la résurrection du Seigneur Jésus-Christ, j'arriverai au niveau que mes ennemis ont dit que je ne pourrai pas atteindre, au nom de Jésus.*
5. *Je connaîtrai une avancée continue dès aujourd'hui, au nom de Jésus.*
6. *Cette année, les trésors des lieux ténébreux seront transférés dans mon sein, au nom de Jésus.*
7. *Cette année, mon étoile se lèvera et ne tombera jamais plus au nom de Jésus.*
8. *Cette année, les hommes me poursuivront avec les bénédictions, au nom de Jésus.*
9. *Je recouvre dix fois plus mes années gâchées au nom de Jésus.*
10. *Cette année, les hommes se disputeront pour me faire des faveurs au nom de Jésus.*
11. *Les œuvres de mes mains seront favorisées au nom de Jésus.*
12. *Tous les jours de ma vie je serai une merveille pour les non croyants au nom de Jésus.*

13. *Je prends charge des cieux et je déclare que tout ira bien pour moi au nom de Jésus.*
14. *O vous portes de la promotion et de la faveur, ouvrez-vous pour moi, au nom de Jésus.*
15. *Par la puissance du Saint-Esprit, je passerai du niveau minimal de la vie au niveau maximal.*
16. *La bonté et la miséricorde me suivront tous les jours de ma vie, au nom de Jésus.*
17. *Je déclare ouverte toute porte fermée dans ma vie au nom de Jésus.*
18. *Par la miséricorde de Dieu, tout manque dans ma vie se changera en abondance, au nom de Jésus.*
19. *Dès aujourd'hui, aucun diable ne me mettra plus sous un joug, au nom de Jésus.*
20. *Au nom puissant de Jésus, la puissance de Dieu me couvrira et me protégera toujours.*

1er JOUR : COMMENT FAIRE AGIR DIEU

Lisez : *1 Samuel 7: 3-10*

« Approchez-vous de Dieu et Il s'approchera de vous. Nettoyez vos mains, pécheurs ; purifiez vos cœurs, hommes irrésolus ». (Jacques 4: 8)

Du jeûne, mais ce ne sont pas toutes qui savent faire beaucoup de personnes pratiquent l'art de la prière et bouger la main de Dieu. Votre capacité à faire agir Dieu déterminera les résultats que vous obtiendrez de votre prière et jeûne. Mon désir est qu'aujourd'hui vous éleviez un autel qui fera descendre le feu du ciel pour transformer votre vie et apporter un jugement sur les ennemis de votre destinée. Je voudrais insister ici sur le fait que l'objectif du jeûne est de faire mouvoir la main droite de justice de Dieu pour intervenir dans nos vies. Comme ce serait terrible de jeûner et prier pour ne rien recevoir en fin de compte ! Puisse cela ne jamais être dit que vous avez espéré en Dieu en vain !

A partir de notre lecture de la Bible, nous voulons apprendre quelques clés pour faire agir la main puissante de Dieu dans notre situation. Les Israélites les avaient mises en pratique et la puissance de Dieu avait puissamment été libérée sur eux.

1. **Retournez à Dieu de tout votre cœur (verset 3).** Dieu est touché par ceux qui viennent à Lui de tout leur cœur. Dans Joël 2:12, Il dit : *« Revenez à moi de tout votre cœur, avec des jeûnes, avec des pleurs et des lamentations.» (Lisez aussi Jér.29:13).* Ne soyez pas l'un de ces chrétiens qui ne viennent à Jésus que pour les miracles, en tenant leurs cœurs très loin de Lui.

2. **Débarrassez-vous de toute idole dans votre vie (verset 3).** Les Israélites avaient jeté leurs idoles : Baal et Astarté. La main de Dieu avait dispersé leurs ennemis qui les avaient opprimés très longtemps (Verset 10). Certains chrétiens continuent de garder des charmes, de l'eau et d'autres choses pour leur protection. Débarrassez-vous de toutes ces choses. Vous pourriez ne pas avoir une idole en bois ou un fétiche avec vous, mais il y a des idoles dans votre cœur (Eze.14:7). Toute chose qui gouverne votre vie et occupe la place de Dieu est une idole. Toute chose que vous ne pouvez pas mettre de côté pour plaire à Dieu est une idole. Si vous pouvez manquer un culte d'adoration

pour regarder un match de football, alors le football est une idole parce qu'elle relègue Dieu au second rang dans votre vie. Réfléchissez sur ce verset: *« Faites donc mourir les membres qui sont sur la terre : l'impudicité, l'impureté, les passions, les mauvais désirs, et la cupidité, qui est une idolâtrie » (Col.3:5).* Certaines idoles du cœur sont le compromis, l'orgueil, la richesse, la peur, les mauvaises compagnies, etc. Votre jeûne n'aura pas de sens pour Dieu aussi longtemps que vous ne serez pas prêt à vous débarrasser de toutes ces idoles et à faire de Jésus-Christ votre seule idole.

3. **Le jeûne (verset 6).** Ils s'étaient rassemblés et jeûnaient ensemble. Pendant qu'ils étaient encore en prière, Dieu avait tonné contre leurs ennemis. Puisse cela être ton cas au nom de Jésus. A travers la Bible, nous voyons beaucoup d'exemples où les enfants de Dieu avaient fait agir la main de Dieu par le jeûne ; pensez à Esther (Esther 3), à Daniel (Dan. 9) et aux autres.

4. **Des prières sincères (verset 6).** Ils s'étaient sincèrement repentis de leurs péchés. Ils avaient manifesté leur dépendance totale à Dieu. Si vous voulez toucher Dieu, vous devez apprendre à être sincère dans vos prières. Ne priez pas

comme si vous aviez un autre endroit où vous iriez au cas où Dieu ne vous répondait pas.

5. **Les offrandes (verset 10).** Samuel avait compris la puissance des sacrifices. Quand les Philistins étaient venus pour attaquer les Israélites, Samuel avait d'abord élevé un autel et ensuite avait présenté un holocauste avant de commencer à prier. Lorsque vous donnez à Dieu ce que j'appelle une offrande dangereuse, vous le faites agir. Le dernier jour de ce jeûne annuel l'an dernier, le Seigneur m'avait demandé de libérer un mois de mon salaire comme une semence. C'était le même jour que je l'avais libéré que Dieu m'avait donné ma voiture. Pendant que vous jeûnez, préparez une offrande dangereuse pour lui.

6. **La louange et l'adoration (Actes 16:25)** « *Mais à minuit Paul et Silas étaient en train de prier et de chanter des hymnes à Dieu, et les prisonniers les écoutaient.* » Quelques temps après cela, il y eut un puissant tremblement de terre qui libéra tous les prisonniers. Lorsque les enfants de Dieu avaient poussé des cris de louanges à Dieu à Jéricho, tous les murs s'effondrèrent (Josué 6). Les ennemis d'Israël étaient dans la confusion et la destruction totales lorsque leur chorale commença à louer et à adorer Dieu. Pendant

votre jeûne, passez du temps à chanter et à adorer Dieu. Louer-le pour ce qu'il est, pour ce qu'il a fait et pour ce qu'il fera. Je vous assure, il y aura une puissante libération de puissance dans votre vie.

Maintenant que vous avez appris à faire agir, Dieu prenez du temps maintenant pour examiner votre vie. Séparezvous des idoles de votre cœur. Passez du temps aujourd'hui à le louer et à l'adorer. Soyez prêt pour une libération puissante de sa grâce sur votre vie.

SUJETS DE PRIERE

1. *Seigneur, merci pour ma vie et pour la puissance que tu mets à ma disposition.*
2. *Prenez du temps pour l'adorer pour ce qu'il est, pour ce qu'il a fait dans votre vie, votre famille et votre nation. Adorez-le aussi pour ce qu'il va faire en cette saison.*
3. *Ô Seigneur, pardonne-moi d'avoir permis aux idoles de prendre ta place dans ma vie. Mentionnez les idoles que vous avez découvertes dans votre vie.*
4. *Mon Père, brise et libère-moi de tout péché qui pourrait faire de mon jeûne une perte de temps.*
5. *Ô Seigneur, je voudrais connaitre la justice et la sainteté de Jésus aujourd'hui.*

6. *Seigneur Jésus-Christ, reprend tout aspect de ma vie qui a été sous mon contrôle.*
7. *Seigneur Jésus-Christ, établis ton règne sur tous les domaines de ma vie et de ma famille.*
8. *Seigneur, libère le feu de la louange et de l'adoration dans mon esprit aujourd'hui.*
9. *Que le manteau de la prière tombe sur moi aujourd'hui.*
10. *J'arrête tout esprit anti-prière œuvrant contre ma vie et contre l'église au nom de Jésus.*
11. *Tout ce qui doit mourir dans ma vie, qu'attendez-vous ? Mourez au nom de Jésus !*
12. *Toute chose devant quitter ma vie, je vous commande de la quitter maintenant au nom de Jésus.*
13. *Ô Seigneur, libère dans mon cœur toute arme et grâce dont j'ai besoin pour ce mois.*
14. *Je confie ma vie et tout ce mois de jeûne entre tes mains.*
15. *Je commande à toute paralysie et sommeil spirituels de libérer ma vie au nom de Jésus.*

2ème JOUR : SEIGNEUR, EXPOSE LES SECRETS DE MA VIE

Lisez : *Daniel 2: 1-49, Ephésiens 1:15-20, Apocalypse 3:14-22*

« Il révèle ce qui est profond et caché, il connaît ce qui est dans les ténèbres, et la lumière demeure avec lui. » (Dan. 2:22)

Une chose que vous devez savoir concernant Dieu est qu'il sait tout et que rien ne lui échappe.

« Les choses cachées sont à l'Eternel notre Dieu ; les choses révélées sont à nous et à nos enfants, à perpétuité… » (Deut. 29:29).

Les choses que les hommes s'évertuent à découvrir dans des laboratoires lui sont déjà connues. La racine profonde de toute crise humanitaire est à nu devant lui. Dieu a une parfaite connaissance de ce qui vous arrivera, à vous, votre famille et à toutes les nations dans l'avenir.

« Nulle créature n'est cachée devant Lui, mais tout est à nu et à découvert aux yeux de Celui à qui nous devons rendre compte » (Héb. 4:13).

Si cela lui plaît, il peut vous révéler n'importe quoi.

« L'amitié de l'Eternel est pour ceux qui le craignent, et son alliance leur donne instruction. » (Ps. 25:14).

Je prie afin que pendant que vous le cherchez ce mois, qu'il vous révèle des secrets qui affecteront votre vie, votre famille, votre église et les nations du monde. Pharaon avait eu deux songes en une nuit qui avaient bouleversé l'histoire de l'Egypte pendant des années (Genèse. 41). Juste un seul songe peut transformer cette situation que vous traversez et apporter l'accomplissement de votre destinée.

Le roi Nebucadnetsar avait fait un rêve une nuit et l'avait oublié (verset 1). C'était un rêve très important qui devait lui donner une orientation pour l'avenir de son royaume. L'une des prières que vous devez faire aujourd'hui est que Dieu disperse tous vos voleurs de rêves et qu'il vous oigne de grâce pour vous rappeler de vos bons rêves. Le roi convoqua tous ses sages et magiciens pour qu'ils lui racontent ce rêve et le lui interprètent. Ceci paraissait très impossible, mais lorsque Daniel et ses amis commencèrent à prier sérieusement, Dieu révéla ce rêve et son interprétation à Daniel. Si vous croyez que ce Dieu est vivant et peut vous révéler tout ce qu'il veut, criez Amen !

Lorsque Daniel se tint devant le roi, il parla avec courage et dit :

« Il révèle les choses profondes et cachées; il connait ce qui est dans les ténèbres, et la lumière demeure avec lui. » (Dan. 2:22).

Certaines personnes sont en train de passer par certaines difficultés qui ont défié tous les efforts et solutions humains. Certains se posent la question: *« Qu'est-ce qui ne va pas au juste avec moi ? »* Certains pleurent, *« quelle est la cause de ce problème familial ? »* J'ai une bonne nouvelle pour vous. Le Dieu de Daniel est toujours le même, il exposera toute chose cachée concernant votre vie. Ce que vous devez savoir pour votre percée vous sera révélé. Je me souviens du cas d'une femme avec qui j'avais prié. Pendant longtemps, elle avait un problème de santé sans solution. Ses activités s'étaient arrêtées parce qu'elle allait d'un grand hôpital à un autre à la recherche de la guérison. Malheureusement, aucun hôpital ne parvenait à diagnostiquer la véritable cause de son problème. Lorsqu'elle vint me voir, je lui dis que nous devrions jeûner pendant trois jours. Pendant le jeûne, nous avions deux sujets de prière : « *Seigneur, guéris-la ou expose la cause profonde de son problème pour assistance médicale.* » Après cette prière, elle repartit voir un médecin. Sans aucun appareil, le médecin découvrit quel était le problème et elle reçut son traitement. Avant cela, elle avait fait des scanographies de sa tête, certaines lui coûtaient un million de francs, sans aucun diagnostic.

Le jeûne brise le nuage de ténèbres qui voile les destinées des hommes et apporte les trésors cachés à la lumière. En cette saison, l'Esprit de Dieu va vous révéler des secrets qui bouleverseront positivement toute votre vie. Certaines personnes ont perdu la capacité d'entendre Dieu à cause de la désobéissance. A plusieurs reprises, le Saint-Esprit a essayé de les guider, mais elles ne se soumettent pas à lui. Si vous pouvez vous humilier devant lui aujourd'hui, il libèrera sur vous un feu nouveau.

SUJETS DE PRIERE

1. *Seigneur, je te remercie et te loue pour ma vie et pour la suprématie de ta puissance sur toutes les puissances.*
2. *Seigneur, je t'adore parce que tu es le Dieu omniscient qui sait toute chose à mon sujet.*

3. *Prenez le temps d'adorer Dieu pour tout ce qui ne va pas à votre insu dans votre vie, votre église, votre famille et votre ministère.*
4. *Seigneur, pardonne-moi de tout péché de présomption, d'autojustification, d'orgueil, de résistance au Saint-Esprit, de mauvaises pensées, etc.*
5. *Que tout voile de ténèbres sur ma vie prenne feu au nom de Jésus.*
6. *Je commande à toute cataracte spirituelle dans mes yeux d'être consumée par le feu.*
7. *Je commande à toute cire spirituelle de fondre de mes yeux.*
8. *Je commande à tout sceau démoniaque sur mon cœur et ma pensée d'être consumé par le feu.*
9. *Je commande à tout esprit responsable de ma cécité spirituelle de plier bagage et de quitter ma vie maintenant.*
10. *Je commande à toute cage de limitation autour de ma vie de se briser en morceaux au nom de Jésus.*
11. *Ô Seigneur, remplis-moi de l'esprit de sagesse et de révélation dans la connaissance de Jésus-Christ.*
12. *Ô Seigneur, ouvre mon entendement au nom de Jésus.*

13. *Ô Seigneur, révèle-moi le secret de mon problème d'une façon que je puisse comprendre.*
14. *Seigneur, révèle-moi toutes les choses que je dois connaître à ce moment dans ma vie.*
15. *Ô Seigneur, révèle-moi les secrets concernant mon avenir pour que je sois sage.*
16. *Que l'esprit de sagesse divine envahisse ma vie !*

3ème JOUR : QU'EST-CE QU'UNE FONDATION DEMONIAQUE ?

Lisez : *1 Samuel 2:27-36, Mathieu 7:24-27, Esaïe 65:6-7, Galates 3:13-14, 29*

« Quand les fondements sont renversés, le juste, que ferait-il? » (Ps. 11:3)

La fondation est la partie invisible de la maison. Elle est enterrée sous terre et porte la maison. Elle est invisible, mais elle est la partie la plus importante de tout bâtiment. D'habitude, dans la construction de tout édifice important, l'on investit beaucoup de temps sur la fondation. En réalité, le processus de pose d'une bonne fondation est très laborieux. Le premier défi consiste à déraciner tous les obstacles indésirables. La deuxième chose consiste à creuser très profondément pour atteindre le substratum rocheux avant de commencer à construire. Les matériaux utilisés pour poser une bonne fondation sont aussi très chers. Une fondation détermine quatre choses sur une maison : sa dimension, sa hauteur, sa force et son style.

Votre fondation indique trois choses : vos croyances, ce que vos parents avaient fait dans le passé et ce que vous avez fait dans le passé. Elle détermine jusqu'où vous pouvez aller dans tous les domaines de votre vie. Votre présent repose sur un passé. Et votre avenir est aussi façonné par ce que vous faites maintenant. Vous êtes là où vous êtes aujourd'hui en raison de la fondation qui avait été posée dans le passé. Vous pouvez également déterminer où vous voulez être dans l'avenir en choisissant ce que vous faites maintenant. Par exemple, si vous êtes analphabète, cela signifie qu'aucune fondation éducative formelle n'avait été posée dans votre vie.

Votre fondation est en réalité la base et les principes spirituels sur lesquels votre vie repose. Elle indique ce qui influence le cours de votre vie. Votre fondation n'est pas ce qui se passe, mais ce qui influence ce qui se passe. Qu'est-ce qui se cache derrière les choses qui vous arrivent, bonnes comme mauvaises? Votre fondation détermine ce que vous pouvez devenir et ce que vous ne pouvez pas devenir. Ceci explique la raison pour laquelle certaines personnes commencent bien, mais finissent très mal.

Une mauvaise fondation renvoie aux pratiques de péché du passé qui ont aujourd'hui une influence très négative sur des individus, des familles, des églises et des nations. Celles-ci peuvent être vos propres pratiques pécheresses ou celles de vos ancêtres.

« Nos pères ont péché, ils ne sont plus, et c'est nous qui portons la peine de leurs iniquités. » (Lam. 5:7).

« Tu ne te prosterneras point devant elles, et tu ne les serviras point ; Car moi, l'Eternel, ton Dieu, je suis un Dieu jaloux, qui punis l'iniquité des pères sur les enfants jusqu'à la troisième et la quatrième génération de ceux qui me haïssent ; » (Ex.20:5)

« Ne vous y trompez pas : on ne se moque pas de Dieu. Ce qu'un homme aura semé, il le moissonnera aussi. » (Gal. 6:7)

A la lumière de ces passages, il est très clair que les pratiques de péché posent une fondation qui affecte les gens qui n'y étaient pas impliqués. Une génération c'est environ 40 ans. D'après Exode 20:4-6 le mal que vos parents ont fait il y a 4 générations (il y a de cela environ 160 ans) peut toujours vous affecter aujourd'hui.

Dans notre lecture biblique, nous avons vu comment Dieu avait envoyé son prophète pour parler à Eli, le souverain sacrificateur. Eli avait continué à garder ses fils immoraux et méchants en fonction en tant que sacrificateurs au lieu de les démettre de leurs fonctions. Tout péché qui n'est pas jugé maintenant le sera dans l'avenir. Dieu avait souligné à Eli ce qui devait arriver à ses descendants à cause du mal qu'ils commettaient. Ainsi, tout enfant qui naissait de la lignée d'Eli héritait d'une mauvaise fondation. La mauvaise fondation leur avait apporté la pauvreté, la mort prématurée et des douleurs. Dans 1 Samuel 22:18-19, quatre-vingt-cinq petits-fils d'Eli qui étaient des sacrificateurs furent tous tués en un jour à cause de leur fondation. Le seul rescapé appelé Abiathar fut démis du ministère au moment où il était supposé se reposer.

« Le roi dit ensuite au sacrificateur Abiathar : va-t-en à Anathoh dans tes terres, car tu mérites la mort ; mais je ne te ferai pas mourir aujourd'hui, parce que tu as porté l'arche du Seigneur l'Eternel devant David, mon père, et parce que tu as eu part à toutes les afflictions de mon père. Ainsi Salomon dépouilla Abiathar de ses fonctions de sacrificateur de l'Eternel, afin d'accomplir la parole que l'Eternel avait prononcée sur la maison d'Eli à Silo. » (1 Rois. 2:26)

Les mauvaises fondations créent des dispositions négatives pour les individus, les familles et les nations. Pourquoi est-il difficile pour les gens de certaines familles d'être sauvés ?

Pourquoi les gens de certaines tribus se battent-ils tant avant de réussir dans le ministère ? Pourquoi certaines familles ont des problèmes spécifiques qui sont communs en chacun d'eux ? Quelquefois, même ceux qui sont croyants continuent de souffrir des mêmes choses. En 1994, mes parents étaient nés de nouveau d'environ 20 ans, mais nos vies étaient caractérisées par une sècheresse spirituelle et financière. J'avais écouté un message sur la destruction des mauvaises fondations et je décidai d'un jeûne pour toute ma famille le 2 janvier 1995. Nous avons passé toute une journée devant Dieu à pleurer, à nous repentir et à le supplier pour qu'il nous accorde sa miséricorde. Dieu nous répondit et nous parla ce jour-là. Après cette prière, les choses avaient immédiatement changé et aujourd'hui, ma famille est en train d'exceller.

Y aurait-il de mauvaises fondations sur lesquelles votre vie repose ? Si vous ne les identifiez pas et ne les traitez pas, elles vous oppresseront. Rentrez dans le questionnaire du chapitre trois et recherchez ces aspects de votre vie et votre famille que vous devez régler. Aujourd'hui, nous passerons du temps à crier à Dieu pour qu'il nous accorde sa miséricorde et apporte des changements.

SUJETS DE PRIERE

1. *Seigneur, je te remercie et te loue pour ma vie et pour la suprématie de ta puissance sur toutes les puissances.*
2. *Seigneur, je t'adore parce que tu es le Dieu omniscient qui sait toute chose à mon sujet.*
3. *Prenez le temps d'adorer Dieu pour tout ce qui ne va pas à votre insu dans votre vie, votre église, votre famille et votre ministère.*
4. *Ô Seigneur, montre-moi moi-même dans les rêves au nom de Jésus.*
5. *Ô Seigneur, montre-moi ma position divine au nom de Jésus.*
6. *Que toute plateforme d'échec préparée par mes ancêtres soit dispersée au nom de Jésus.*
7. *Que toute fondation de cécité spirituelle dans ma vie soit brisée au nom de Jésus.*
8. *Lève-toi Seigneur, et expose toute mauvaise fondation dans ma vie au nom de Jésus.*
9. *Que les secrets de ma vie soient mis à nu devant mes yeux au nom de Jésus.*
10. *Je commande le feu de Dieu d'exposer tout ennemi secret derrière mes problèmes.*

11. *Que le feu de Dieu tombe sur ma vie de la tête aux pieds !*
12. *Ô Seigneur, que tes pierres ardentes de jugement tombent sur toute fondation satanique qui a toujours eu à manipuler ma vie et ma famille.*
13. *Que la hache du jugement abatte tout arbre de stérilité dans ma vie.*
14. *Je commande à toute rivière des eaux d'amertume dans ma vie de sécher au nom de Jésus.*
15. *Que toute puissance responsable de mes problèmes, soit dispersée au nom de Jésus.*
16. *Que toute montagne dans ma vie devienne un tremplin pour ma promotion spirituelle.*
17. *Je commande à toute puissance qui a eu à travailler contre ma destinée à commencer à travailler en ma faveur.*
18. *Par la puissance de la résurrection, je commande à toute puissance funèbre qui enterre ma destinée de se disperser.*
19. *Par la puissance de la résurrection, je commande à toute chose morte dans ma vie de reprendre vie*
20. *Cher Saint-Esprit, établis une fondation juste pour ma famille.*
21. *O Seigneur, établis mes pieds sur la vérité de la parole de Dieu.*

22. *Seigneur, que la puissance de ta parole envahisse tout aspect de ma vie*
23. *Que les bons fruits de ma vie commencent à se manifester*
24. *Seigneur, Fais de moi une bénédiction pour cette génération*

4ème JOUR : COMMENT S'ETABLISSENT LES MAUVAISES FONDATIONS

Lisez : *1 Rois 12:25-33, Genèse 49, Deutéronome 33*

« Ne vous y trompez pas : on ne se moque pas de Dieu. Ce qu'un homme aura semé, il le moissonnera aussi. » Celui qui sème pour sa chair moissonnera de la chair la corruption ; mais celui qui sème pour l'Esprit moissonnera de l'Esprit la vie éternelle. (Gal. 6:7-8)

Non seulement Jéroboam avait posé une fondation d'idolâtrie pour le royaume nordique d'Israël, il devint la référence du mal dans l'histoire des rois de Juda et d'Israël. Assez souvent, la parole de Dieu va dire *« en marchant dans la voie de Jéroboam »* (1 Rois 16:19).

Comment les mauvaises fondations sont-elles établies ?

1. **Héritées**. Comme nous l'avons déjà vu jusqu'ici, il est possible de souffrir des conséquences des péchés que vous n'avez pas commis. Dans ce

cas, on dit que vous avez hérité d'une mauvaise fondation. En naissant simplement dans la famille d'Abraham, chaque Juif hérite de l'alliance. Par la naissance, tous les Juifs deviennent les membres de la communauté d'Israël.

Tous ceux qui sont nés dans la famille d'Eli à partir de 1 Samuel 2:20 en descendant, ont hérité d'une mauvaise fondation. Peu importe le respect qu'ils avaient des règles d'hygiène et de santé, ils étaient maudits et destinés à une mort précoce. Peu importe leur ardeur au travail, ils étaient voués à la pauvreté.

« Voici, le temps arrive où je retrancherai ton bras et le bras de la maison de ton père, en sorte qu'il n'y aura plus de vieillard dans ta maison...et il n'y aura plus jamais de vieillard dans ta maison. Je laisserai subsister auprès de mon autel l'un des tiens, afin de consumer tes yeux et d'attrister ton âme. Mais tous ceux de ta maison mourront dans la force de l'âge. » (1 Sam. 2:31-33)

L'implication ici est que si l'un d'eux allait pour un test de sélection qui devait aboutir à un emploi très bien rémunéré, il le perdait. Ou s'il obtenait l'emploi, il serait licencié.

2. **Les rétributions**. Les mauvaises fondations sont établies par vos péchés personnels. Les péchés personnels ici concernent la transgression consciente et inconsciente des commandements de Dieu. Vos péchés personnels conduisent à la dépendance, aux possessions démoniaques, aux liens, à la souffrance, la destruction et la mort. Les principes normaux sont détruits tandis que les modèles négatifs prennent racine dans votre vie.

   Un homme qui commence à prendre la drogue en deviendra dépendant. Vos péchés attirent la punition du Dieu de justice. Par conséquent, certaines mauvaises fondations sont simplement des indicateurs du jugement divin.

3. **Les mauvaises déclarations.** Ces déclarations sont aussi appelées malédictions. Jacob avait prononcé une malédiction sur son fils Ruben parce qu'il avait couché avec sa belle-mère.

« Ruben, toi, mon premier-né, Ma force et les prémices de ma vigueur, Supérieur en dignité et supérieur en puissance. Impétueux comme les eaux, tu n'auras pas la prééminence ! Car tu es monté sur la couche de ton père, tu as souillé ma couche en y montant. » (Genèse. 49:3-4)

Cette déclaration affecta les descendants de Ruben plus tard. Ils n'avaient pas vraiment eu la prééminence parmi les tribus d'Israël jusqu'à ce que Moïse brise la malédiction.

« Que Ruben vive et qu'il ne meure point, et que ses hommes soient nombreux » (Deut. 33:6).

Faites des recherches dans votre vie, famille, église, tribu et nation. Y a-t-il eu une mauvaise déclaration sur vous ? Si oui, elle doit être brisée, sinon elle vous brisera.

Certaines personnes disent que ce type d'enseignement c'est creuser dans des histoires de l'Ancien Testament pour frustrer les croyants du Nouveau Testament. Mais Paul en parle dans Galates 3:13-14 en nous révélant que Jésus ôta nos malédictions sur la croix pour que nous puissions être qualifiés à accéder aux bénédictions promises à Abraham. Si vous êtes un croyant du Nouveau Testament et que vous êtes encore loin de jouir de la vie abondante que Jésus-Christ nous a promise dans Jean 10:10, alors vous devez vérifier votre fondation. Souvenez-vous que toute loi qui n'est pas appliquée n'a pas de puissance. Les Ecritures sont la loi écrite de Dieu qui a la puissance. Cette puissance ne peut travailler pour vous que lorsque vous appliquez la parole dans votre vie par la foi, la prière et le jeûne.

Pendant que vous allez dans la prière aujourd'hui, armez votre esprit du fait qu'à travers son sang qui a coulé sur la croix, Jésus-Christ a annulé tout fondement juridique qui permettait à satan de vous garder dans les liens. Continuez à creuser votre fondation et apportez-la devant le Seigneur pour la restauration.

SUJETS DE PRIERE

1. *Seigneur, je te remercie et te loue pour ma vie et pour la suprématie de ta puissance sur toutes les puissances.*
2. *Seigneur, je t'adore parce que tu es le Dieu omniscient qui sait toute chose à mon sujet.*
3. *Prenez le temps d'adorer Dieu pour tout ce qui ne va pas à votre insu dans votre vie, votre église, votre famille et votre ministère.*
4. *Que toute plateforme d'échec préparée par mes ancêtres soit dispersée au nom de Jésus.*
5. *Que toute fondation de stagnation spirituelle dans ma vie, soit brisée au nom de Jésus.*
6. *Lève-toi Seigneur, et disloque toute mauvaise fondation dans ma vie au nom de Jésus.*
7. *Je commande au feu de Dieu d'exposer tout ennemi secret derrière mes problèmes.*

8. *Que la hache du jugement abatte tout arbre de mal dans ma vie.*
9. *Que toute source de maladie et de douleurs dans ma vie, MEURE ! Au nom de Jésus !*
10. *Ô Seigneur, lève-toi et que tout ce que tu n'as pas planté dans ma vie soit consumé par le feu !*
11. *Je commande à toute puissance qui empêche aux bonnes choses de venir dans ma vie de dégager.*
12. *Toutes les chaînes des malédictions multiples dans ma vie, soyez brisées au nom de Jésus.*
13. *Toute puissance du mal se tenant à la porte de ma vie, reçois le feu.*
14. *Seigneur, envoie tes anges me délivrer de tout type de lien au nom de Jésus.*
15. *Ô Seigneur, libère tes anges pour rouler la pierre de blocage dans ma vie.*
16. *Que le tonnerre de Dieu brise les portes d'airain qui se dressent contre moi.*
17. *Que la fondation de*
    a. *l'orgueil*
    b. *des mensonges et de l'exagération*
    c. *l'immoralité*
    d. *la pauvreté et du travail stérile*
    e. *la peur*
    f. *l'incrédulité*

g. l'amertume

h. la stérilité

i. le rejet

j. l'avarice

k. la rébellion et la désobéissance

l. l'idolâtrie

m. la mondanité

soit démantelée totalement par le feu et le sang de Jésus

18. *Tout ce qui doit mourir dans ma vie, qu'attends-tu ? MEURS maintenant !*

19. *Je commande à tout étranger satanique dans ma vie de s'en aller maintenant !*

 Ô Dieu des nouveaux commencements, réorganise et arrange de nouveau toute chose qui a été détruite dans ma vie.

20. *Ô Seigneur, restaure tout ce qui a été volé de ma vie et de ma famille.*

21. *Ô Seigneur, fais de ma vie un jardin fructueux. Plante des semences de justice.*

22. *Que mon cœur soit complètement attendri et fertilisé pour accepter la parole de Dieu.*

23. *Ô Seigneur, fais de moi un arbre de justice.*

24. *Seigneur, que ta bonté et ta miséricorde inondent ma vie.*

5ème JOUR : COMMENT IDENTIFIER LES ALLIANCES MALEFIQUES 1

Lisez : *Esaïe 28:14-17, Galates 3:13-14, Hébreux 8*

« Deux hommes marchent-ils ensemble, sans en être convenus ? » (Amos 3:3)

Qu'est-ce qu'une alliance ? C'est une entente mutuelle entre deux ou plusieurs parties, qui s'engagent chacune à accomplir des obligations spécifiques. Une alliance est également un contrat légal, un accord contraignant, un accord écrit ou un accord solennel de faire ou de ne pas faire une certaine chose. Dans l'Ancien Testament, une alliance est un « pacte » fait entre deux entités charnelles. Notre exemple sera l'alliance que Dieu fit avec Abraham de lui donner la Terre Promise (Gen. 15).

Il est important de noter ici que Dieu traite avec nous sur la base des alliances. L'Ancien Testament parle de l'ancienne alliance que Dieu fit à travers le sang d'animaux avec les enfants d'Israël pour qu'il devienne leur Dieu et eux son peuple. Le Nouveau

Testament est une nouvelle alliance que Dieu a établie avec toute l'humanité à travers le sang de Jésus-Christ, pour devenir le Dieu de tous ceux qui croient. La nouvelle alliance est plus forte et a plus d'avantages que l'ancienne parce qu'elle est établie avec le sang de Jésus-Christ (Héb. 8:6). Satan aussi cherche à attirer des gens dans des alliances pour qu'il ait une raison légale de contrôler leur vie.

Qu'est-ce qu'une alliance démoniaque ? Une alliance démoniaque est un contrat, un accord et un pacte établi entre un être humain et un mauvais esprit, consciemment ou inconsciemment. Une alliance démoniaque est comme une forte chaîne qui lie la victime au diable et traîne ladite personne à sa guise. Ces alliances démoniaques ouvrent la voie aux démons pour tourmenter les victimes. Certains des problèmes que les gens rencontrent aujourd'hui viennent de telles mauvaises alliances.

COMMENT LES GENS ENTRENT-ILS DANS DES ALLIANCES DEMONIAQUES ?

1. **A travers leurs parents.** Beaucoup de parents amènent leurs enfants chez des tradi-praticiens pour la protection. Ils finissent par les engager dans des alliances avec des démons.

2. **Délibérément.** Vous vous engagez volontairement. Par exemple, un pacte de sang entre

deux amoureux ; une initiation dans une société secrète, des rituels pour la protection.

3. **Involontairement**. Vous pouvez être forcé à entrer dans une alliance. Une fille m'avait raconté comment sa tante l'avait forcée à entrer dans une alliance de sorcellerie.

4. **Inconsciemment**. Beaucoup de personnes sont entrées dans des alliances sans le savoir. En partageant la nourriture, en ayant des relations sexuelles, en faisant des actions sans trop en comprendre les implications, l'amitié, etc.

Que vous soyez conscient de l'alliance démoniaque ou pas, si elle est établie, vous allez en pâtir. Aussi longtemps que vous ne l'aurez pas identifiée et détruite, vous allez continuer de souffrir sous des liens sataniques.

Pour savoir s'il y a une alliance démoniaque dans votre vie ou pas, utilisez le questionnaire du chapitre trois.

QUELQUES SYMPTOMES D'ALLIANCES DEMONIAQUES

1. Des problèmes qui sont résistants au conseil et à la prière normale
2. Des inquiétudes constantes, l'anxiété, la dépression, etc.

3. La peur à tout moment
4. Une folie permanente ou occasionnelle
5. Des maladies qui défient l'assistance médicale
6. Insomnie et cauchemars réguliers
7. Des combats constants dans les rêves 8. Dépendance de la drogue, la nourriture, etc.
9. Insuffisance financière chronique
10. Une dureté irraisonnable et une colère incontrôlable
11. Manque de faveur
12. Audition de voix étranges

COMMENT SE LIBERER DES ALLIANCES DEMONIAQUES

« Christ nous a rachetés de la malédiction de la loi, étant devenu malédiction pour nous- car il est écrit : Ma*udit quiconque est pendu au bois » (Gal.3 :13)

Votre liberté est enracinée dans l'œuvre finie de la croix.

1. **Repentez-vous.** Demandez à Dieu de vous pardonner de vos propres péchés. Ceux que vous connaissez et ceux que vous ne connaissez pas. Demandez-lui également de vous pardonner pour les péchés de votre famille aussi.

2. **Renoncez**. Vous devez renoncer aux mauvaises choses que vous avez faites. Renoncez-y à haute voix.
3. **Révoquez (Annulez).** Vous devez annuler les alliances au nom de Jésus. Pendant que vous priez avec sérieux, même les alliances que vous avez établies inconsciemment seront brisées.
4. **Liez les esprits en charge de l'alliance.** Commandez-les de s'en aller et de ne plus revenir.
5. **Détruisez les symboles de ces alliances** (Bagues, habits, arbres, etc.).
6. **Remplacez la malédiction par les bénédictions d'Abraham.**

SUJETS DE PRIERE

1. *Seigneur, je te remercie et te loue pour ma vie et pour le sang de Jésus qui a coulé à la croix pour moi.*
2. *Seigneur, je t'adore car tu me libères totalement.*
3. *Seigneur, pardonne et purifie-moi de tout péché qui donne à Satan le droit de me garder dans quelque alliance que ce soit.*
4. *Seigneur, pardonne et purifie-moi des péchés de mes ancêtres qui donnent à Satan le droit de me garder dans quelque alliance que ce soit.*

5. *Seigneur, lave-moi et ma famille avec le sang de Jésus-Christ.*
6. *Je renonce à toute alliance que j'ai faite avec les esprits démoniaques.*
7. *Je brise toute chaîne me liant à vous au nom de Jésus.*
8. *Je te maudis, toi l'esprit qui applique les alliances démoniaques dans ma vie et je t'ordonne de me quitter maintenant.*
9. *Que le feu du Saint-Esprit descende maintenant sur tout esprit de mort et de l'enfer travaillant contre ma vie.*
10. *J'écrase la tête de tout esprit de serpent derrière les alliances démoniaques dans ma vie.*
11. *Que tout arbre que Dieu n'a pas planté dans ma vie meure maintenant !*
12. *Que toute alliance cachée dans ma vie et ma famille prenne feu maintenant !*
13. *Que le feu de Dieu expose toutes les alliances démoniaques dans ma vie !*
14. *Seigneur, établis chaque aspect de ma vie dans la Nouvelle Alliance avec le sang de Jésus.*
15. *Passez du temps à invoquer le sang de Jésus sur les différents aspects de votre vie, votre famille et votre église.*

6ème JOUR : COMMENT IDENTIFIER LES ALLIANCES MALEFIQUES 2

Lisez : *Josué 9:3-16, Genèse 12: 1-3, Apocalypse 5:1-11*

« Deux hommes marchent-ils ensemble, sans en être convenus ? » (Amos 3:3)

Après avoir défini ce que les alliances démoniaques sont, nous voulons maintenant identifier certaines des alliances qui lient les gens aujourd'hui.

1. **Alliance de protection** Certaines personnes en quête de protection et de chance vont chez des tradipraticiens. Les tradipraticiens leur font des scarifications et y appliquent certains produits en faisant des enchantements. A la fin, le tradipraticien remet une bague, un bracelet ou quelque chose d'autre au client à ramener à la maison. C'est un symbole de l'alliance. C'est exactement comme une bague de mariage. Si vous avez fait une telle chose, vous êtes donc

dans une alliance avec des démons. Une dame m'avait dit comment un tradipraticien, après tous les rituels, avait préparé de la viande dans un carton de sucre et la lui avait donné à manger. Elle était partie de ce lieu possédée de démons.

2. **Les alliances nuptiales démoniaques.** Pendant la plupart des mariages traditionnels, le couple est obligé de boire d'une coupe traditionnelle utilisée par le chef de famille. Certains rituels sont faits. Toutes ces choses établissent des alliances avec les esprits ancestraux et familiers. Dans certains cas, vous devez apporter un sacrifice au dieu de la famille. C'est l'un des canaux pour le problème de femme et de mari de nuit.

3. **Les alliances religieuses.** Ceux qui ont été impliqués dans de fausses religions doivent briser les alliances démoniaques qui les lient à ces religions. Chaque fois que vous utilisez des objets d'adoration de cette religion et mangez leur communion, l'alliance se fortifie.

4. **Les alliances occultes.** Il s'agit ici des personnes qui sont consciencieusement initiées et de celles qui sont manipulées. De nos jours, il y a une recrudescence d'activités occultes. Des enfants innocents sont initiés. Ces agents des ténèbres

initient des enfants à travers la nourriture et des cadeaux. Les parents doivent avertir leurs enfants pour qu'ils fassent attention aux amis qu'ils se font.

5. **Les alliances oniriques.** Les sorcières et les sorciers établissent des alliances avec des gens dans des rêves. Partagez toujours avec votre pasteur vos rêves bizarres que vous ne pouvez pas gérer. Encouragez vos enfants à vous raconter leurs rêves. Un matin, une sœur chrétienne a accouru chez moi pour me raconter qu'elle avait rêvé que sa belle-mère forçait de la nourriture et un breuvage rouge dans sa bouche pendant la nuit. A partir de cet instant, elle avait des douleurs atroces dans son estomac. Je réprimai cette alliance et commandai à ces puissances démoniaques de la quitter. Elle fut libérée à l'immédiat. Cette situation ne s'est plus jamais répétée dans sa vie.

6. **Les alliances à travers les relations sexuelles.** La Bible déclare :

   « Loin de-là ! Ne savez-vous pas que celui qui s'attache à une prostituée est un seul corps avec elle ? Car, est-il dit, « les deux deviendront une seule chair. » (1 Cor. 6:16).

Toute relation sexuelle que vous avez avec une personne, même le viol, vous amène à une forte alliance avec cette personne. Certaines personnes souffrent aujourd'hui d'oppressions démoniaques en raison d'une relation sexuelle qu'elles avaient eue avec une personne possédée de démons. La plupart des femmes et des maris de nuit viennent à travers une relation sexuelle avec des personnes possédées. La triste réalité est que vous ne pouvez pas lire sur le visage des gens si telle ou telle personne est possédée. Fuyez la fornication et l'adultère !

7. **Les alliances à travers des films et musiques démoniaques.** Certains films et musiques mondaines ont été soigneusement préparés pour initier des gens.

   Ceux qui les écoutent ou les regardent finissent par entrer dans une alliance avec les démons qui se cachent derrière. Voilà pourquoi certaines personnes sont dépendantes de certaines musiques et films.

8. **Les alliances liées à des promesses.** La Bible déclare :

   « Avant toute chose, mes frères, ne jurez ni par le ciel, ni par la terre, ni par aucun autre serment. Mais que votre oui soit oui, et que

votre non soit non, afin que vous ne tombiez pas dans le jugement » (Jacques 5:12)

Lorsque vous faites des promesses aux gens et ne les honorez pas, vous êtes lié. Si vous promettez le mariage à quelqu'un et après vous vous détournez, vous êtes de toute façon lié(e). Si vous signez un contrat avec quelqu'un ou avec une entreprise et vous ne le respectez pas, vous êtes lié(e).

9. **Des baptêmes et bains démoniaques.** Ceux qui vont dans des rivières pour des bains et des purifications rituelles entrent dans des alliances avec les esprits des eaux.

10. **Intronisation.** Pendant l'intronisation des fons, des successeurs et des chefs traditionnels, beaucoup de rituels sont faits. Ces rituels amènent la personne concernée dans des alliances avec des esprits maléfiques.

11. **Les festivals traditionnels.** La plupart des villages organisent des festivals annuels pendant lesquels ils disent vouloir ressusciter les cultures. De tels moments sont des occasions pour renouveler d'anciennes alliances et sceller de nouvelles. Ces alliances avec les dieux du village tiennent les gens de cette

communauté dans une captivité collective. Vous devez vous libérer !

12. **Alliance d'inceste.** Lorsque vous entrez dans une union sexuelle avec un membre de la famille, vous êtes lié(e).

13. **Alliance à travers un nom démoniaque.** Certaines personnes portent les noms d'idoles ou d'objets étranges. Nous traiterons des noms démoniaques plus tard. Mais sachez que le nom de famille que vous portez peut vous lier à une alliance avec des puissances démoniaques ou des idoles.

14. **Les alliances à travers le placenta.** Dans certaines cultures, certains rituels sont faits avant l'enterrement du placenta du nouveau-né. Comment avait-on enterré le vôtre ? A travers ces rituels, l'enfant est lié à une alliance avec les dieux de la famille.

15. **Les alliances des jumeaux.** La plupart des cultures font des rituels sur les jumeaux. Toutes ces activités établissent des alliances avec des esprits démoniaques. Ces jumeaux souffrent par la suite du fait de ces alliances.

16. **L'alliance du premier partenaire sexuel.** La relation sexuelle avait été conçue pour être consommée UNIQUEMENT dans le mariage.

Voilà pourquoi lorsque Dieu a créé la femme, il l'a scellée. L'alliance du mariage est une alliance de sang. Et l'alliance de sang est la plus forte de toutes. Dans l'intention de Dieu, à travers la déchirure de l'hymen de la femme, une alliance de sang devait être scellée entre le mari et la femme pendant la première union sexuelle. La première personne que vous avez connue affecte votre fondation. Quelle est la personne qui vous a déviergé ? L'influence de cette alliance du premier partenaire sexuel sur votre vie peut être la raison pour laquelle vous ne pouvez pas vous marier. Ne prenez pas de telles choses pour acquise.

17. **Alliance de la polygamie.** Beaucoup de personnes issues de familles polygames ont beaucoup de problèmes conjugaux à cause de leur fondation. Elles sont tentées de multiplier des partenaires.

18. **L'alliance d'un attachement parental démoniaque.** Certaines personnes sont si attachées à leurs parents qu'elles ne peuvent pas bien gérer leur foyer. Si ce sont vos parents qui dictent ce que vous devez faire ou ne pas faire dans votre foyer, alors vous êtes lié(e). Continuez aujourd'hui à rechercher la compréhension sur toute alliance démoniaque

qui serait secrètement à l'œuvre dans votre vie. Puisse Dieu vous éclairer.

SUJETS DE PRIERE

1. *Seigneur, je te remercie et te loue pour ma vie et pour le sang de Jésus qui a coulé à la croix pour moi.*
2. *Seigneur, je t'adore car tu vas me libérer totalement.*
3. *Seigneur, merci de m'avoir ouvert les yeux pour voir les alliances démoniaques qui sont à l'œuvre contre ma vie.*
4. *Ô Seigneur, expose toute œuvre du diable ruinant secrètement ma vie et ma famille.*
5. *Ô Seigneur, pardonne-moi d'avoir péché contre toi par ma bouche, mon corps, mes pensées, mes mains, mes pieds, en touchant des choses impures, en mangeant des choses souillées, en faisant de fausses promesses.*
6. *Seigneur, purifie-moi avec le sang de Jésus-Christ de toutes formes de contamination : contamination sexuelle, aliments et breuvages souillés, des objets occultes que j'ai gardés, des fausses promesses, des malédictions que je me suis infligées, des paroles mauvaises de ma bouche, des images immorales que j'ai regardées, toutes pratiques impures, la fréquentation de*

mauvais amis, des vœux et contrats non réalisés, la consultation de tradipraticiens, etc.

7. *Aujourd'hui, je me tiens sur le travail accompli à la croix et commence à renoncer à toute alliance démoniaque qui me lie. Je renonce à chaque alliance que j'ai établie avec les esprits des eaux, des forêts, des montagnes, de l'air au nom de Jésus.*
8. *Je renonce à chaque alliance que j'ai faite consciemment ou inconsciemment avec les esprits des morts et des esprits ancestraux à travers des activités culturelles, des enterrements, des repas offerts aux idoles et l'adoration des idoles.*
9. *Je renonce à toute alliance que j'ai faite avec les esprits démoniaques à travers des activités de tradipraticiens dans ma vie.*
10. *Je renonce à toute alliance que j'ai faite avec tout esprit immoral à travers une relation sexuelle physique ou dans des rêves.*
11. *Je renonce à toute alliance établie à travers mon cordon ombilical.*
12. *Je renonce à toute alliance que j'ai faite avec les dieux de ma famille et de mon village.*
13. *Ô Seigneur, que le sang de Jésus annule tous les actes écrits de ces alliances.*

14. *Ô Seigneur, déconnecte-moi de ces alliances au nom de Jésus.*
15. *Je me déconnecte à partir d'aujourd'hui des alliances démoniaques et de leurs conséquences négatives par le feu (priez longtemps).*
16. *Que la puissance de la résurrection porte à la lumière toutes les bénédictions enterrées dans ma vie.*
17. *Au nom de Jésus, je refuse de rester dans les ténèbres. Je dois briller pour Jésus*
18. *Que la fondation de péché dans ma vie soit brisée au nom de Jésus.*
19. *Ô Seigneur, fais de moi un candidat pour le ciel au nom de Jésus.*
20. *Ô Seigneur, annule toute forme de stérilité dans ma vie.*

7ème JOUR : COMMENT REVOQUER LES ALLIANCES DEMONIAQUES

Lisez : *Esaïe 53:1-5, Galates 3:13-14, Hébreux 8*

« Si donc le Fils vous affranchit, vous serez réellement libres » (Jean 8:36)

Avant de commencer à voir comment mettre fin aux alliances démoniaques dans votre vie, je voudrais encore relever les différents niveaux d'alliances démoniaques.

1. **Les alliances personnelles.** Ce sont des alliances démoniaques que vous avez faites vous-mêmes, consciemment ou inconsciemment. Vous êtes seul à souffrir des conséquences de ces alliances.

2. **Alliance familiale.** Tous ceux qui naissent dans cette famille en héritent. Par exemple, tous les enfants d'Israël héritent de l'alliance abrahamique. Que vous le sachiez ou pas, l'alliance familiale vous influencera. Lorsqu'un enfant naît dans une famille qui a un dieu ou

des idoles. Vous n'avez pas besoin de le présenter aux idoles qui le connaissent déjà. Un enfant né à l'étranger est automatiquement affilié à l'alliance. Nous avons dit que ces alliances déterminent à quoi votre vie va ressembler. Elles posent certaines exigences sur votre vie. C'est la raison pour laquelle certaines personnes continuent de rentrer au village pour faire ce qu'elles appellent « notre tradition ».

3. **L'alliance tribale.** Tous ceux qui sont nés dans cette tribu sont dans une relation d'alliance avec les dieux de la tribu. Vous pourriez me dire que vous n'êtes jamais allé au village ; C'est vrai. Mais, vos ancêtres ont fait une alliance avec les esprits et ont dressé des divinités et des hauts lieux. Les esprits qui agissent derrière ces idoles vous connaissent très bien. Chaque Juif, peu importe où il est né, a une alliance avec Dieu à travers Abraham.

Sur la base de ces alliances familiales et tribales, les démons influencent les gens de façon particulière. Vous pourrez constater que les gens de certaines tribus et familles peuvent être identifiés par certains traits négatifs. D'aucuns sont très violents. Certains sont très immoraux, tandis que d'autres volent beaucoup. Vous devez les briser et vous en dégager au nom de Jésus. La vision de Dieu pour vous est ceci :

« Si quelqu'un est en Christ, il est une nouvelle créature; les choses anciennes sont passées; voici toutes choses sont devenues nouvelles » (1 Cor. 5:17).

Vous devez vous déterminer à devenir réellement une nouvelle créature.

LA VOIE DE SORTIE

Jésus-Christ est la seule issue.

« Si donc le Fils vous affranchit, vous serez réellement libres » (Jean 8:36)

« Christ nous a rachetés de la malédiction de la loi, étant devenu malédiction pour nous- car il est écrit : maudit quiconque est pendu au bois » (Gal. 3:13).

L'alliance avec le sang de Jésus-Christ est l'alliance la plus forte de tout l'univers. C'est en vous connectant à cette alliance que vous aurez le pouvoir de vous dégager de toute autre alliance démoniaque. Certaines personnes sont liées par des alliances auxquelles elles ne peuvent pas renoncer, car si elles essaient de le faire, elles feront face à la mort. La Bible déclare :

« En Lui nous avons la rédemption par Son sang, la rémission des péchés, selon la richesse de sa grâce. » (Eph. 1:7)

« En Christ », vous avez la rédemption. Le mot « rédemption » ici signifie racheté. Jésus vous a racheté pour Lui-même par son sang. Par ces alliances démoniaques, vous aviez été vendu à l'esclavage de Satan. Mais maintenant, vous pouvez les révoquer et ne pas mourir, parce que Jésus-Christ qui est mort pour vous défendre. Alors, je voudrais qu'aujourd'hui, de tout votre cœur, vous renonciez à toute alliance démoniaque sans peur. Vous serez affranchi, vous ne mourrez pas, car Jésus est avec vous. Un certain notable qui avait été fortement initié dans des sociétés secrètes du palais est venu, il y a quelques années, me voir pour la délivrance. Avant ce moment, il avait déjà rédigé son testament parce qu'il croyait qu'il allait mourir en raison des tourments par lesquels il passait. Lorsque je lui avais dit que Jésus-Christ ne pouvait le délivrer que s'il renonçait à toutes les alliances démoniaques et idoles, il accepta de le faire. Je priai pour lui et il fut totalement affranchi. Aujourd'hui, après plus de 10 ans, il est toujours en vie. Donc, vous pouvez être délivré par son sang.

Ce que vous devez faire.

1. **La violence.** Vous devez violemment renoncer, briser, renverser toutes les forces sataniques derrière cette alliance après y avoir renoncé. Vos prières doivent être très agressives. Le diable ne va pas juste s'asseoir et vous voir vous en aller. J'ai l'habitude de dire que certains démons ne comprennent que le langage du feu.

2. **Ajoutez le jeûne.** Le jeûne est la dernière vitesse. Lorsque vous appliquez le jeûne, les démons sont tenus de se rendre.

3. **La persistance.** Lorsque vous commencez, ne vous relâchez pas aussi longtemps que vous n'aurez pas vu votre percée. Certaines de ces alliances existent depuis des siècles, alors ne croyez pas qu'une seule séance de prières suffira pour traiter tous les aspects. Priez longuement et profondément jusqu'à ce que le changement se produise.

SUJETS DE PRIERE

1. *Seigneur, je te remercie et te loue pour ma vie et pour le sang de Jésus qui a coulé à la croix pour moi.*
2. *Seigneur, je t'adore car tu me libères totalement.*
3. *Je confesse les péchés de mes ancêtres (énumérez-les).*

4. *Seigneur, pardonne-moi pour les péchés que je connais et ceux que je ne connais pas.*
5. *Que la puissance du sang de Jésus me sépare des péchés de mes ancêtres, depuis Adam jusqu'à ce jour.*
6. *Je renonce à toute dédicace démoniaque placée sur ma vie.*
7. *Je brise toute ordination et décret démoniaques au nom de Jésus.*
8. *Je renonce à chaque alliance familiale opérant dans ma vie (nommez-les).*
9. *Je renonce et brise toute alliance tribale (nommez celles que vous avez identifiées).*
10. *Je commande à chaque démon associé à ces alliances de me quitter maintenant.*
11. *J'annule toutes les conséquences négatives de tous les engagements et promesses brisés.*

1. 12.Ô Seigneur, exauce-moi aujourd'hui et mets fin aux effets des alliances démoniaques dans ma vie.

12. *Ô Seigneur, que l'alliance dans le sang de Jésus-Christ annule toute autre alliance.*
13. *Que tout embargo spirituel sur ma vie et ma destinée soit levé aujourd'hui.*
14. *Que tout effet négatif de ces alliances dans ma vie soit réduit à la cendre par le feu.*

15. *Que toute maladie d'origine démoniaque dans mon corps et dans ma famille liée à ces alliances démoniaques s'évanouisse !*
16. *Ô seigneur, que le manteau de la percée tombe sur mon corps, âme et esprit par l'effet du feu.*
17. *Que le manteau de feu tombe sur mes finances et mes relations.*
18. *Je me libère de toute limitation tribale au nom de Jésus.*
19. *A partir d'aujourd'hui, ce que je ne pouvais pas avoir à cause de mes origines, je l'aurai au nom de Jésus. Tout niveau que je ne pouvais pas atteindre à cause de mes origines, je l'atteindrai par la faveur divine.*
20. *Ô Seigneur, fais-de moi une merveille dans cette génération.*
21. *Seigneur, fais de moi un chrétien qui vit avec la conscience du ciel.*

8-9ème JOURS : LIEZ L'HOMME FORT

Lisez : *Ephésiens 6:10-18, Exode 14, 1 Samuel 17, Gen. 15:3*

« Lorsqu'un homme fort et bien armé garde sa propre maison, ce qu'il possède est en sécurité. Mais si un plus fort que lui survient et le dompte, il lui enlève toutes les armes dans lesquelles il se confiait, et il distribue ses dépouilles ». (Luc 11:21-22)

Qui est l'homme fort ? L'homme fort est simplement le responsable. L'homme fort est le tout mauvais esprit chargé d'appliquer les alliances démoniaques. Les contrevenants sont sévèrement punis. Dans Luc 11:21-22, Jésus enseigne sur le conflit spirituel et l'homme fort dont il parle ici est un esprit démoniaque en charge d'un territoire. L'homme fort établit des forteresses et contrôle des individus, des familles, des communautés, des villes et même des nations tout entières. Le diable peut aussi posséder un être humain et l'utiliser pour terroriser d'autres êtres humains. Quoique Moïse eût combattu les puissances démoniaques en Egypte pour la délivrance d'Israël, Pharaon était l'homme fort du pays. Il était considéré comme un dieu.

Certaines personnes ne peuvent pas faire des progrès dans leur vie parce qu'il y a un homme fort qui les tient captives. Certaines personnes se retrouvent en train de faire des choses qu'elles n'aiment pas, mais ne peuvent pas s'en empêcher. Cet homme fort doit être désarmé et lié pour que vous puissiez retrouver votre la liberté. Aussi longtemps que l'homme fort est au contrôle, vous êtes lié. Lorsque les alliances et leurs signes sont brisés, l'homme fort perd son autorité sur la vie de sa victime. Si vous continuez d'être harcelé par quelque homme fort que ce soit bien qu'étant croyant, ce serait à cause de votre ignorance.

« Mon people périt faute de connaissance. » (Osée 5:12)

Les enfants de Dieu ne sont pas détruits à cause du diable, mais à cause de leur ignorance.

Une femme était venue à la Tempête de Prière et nous avait présenté un problème. Pendant quinze ans elle avait régulièrement des relations sexuelles dans son sommeil avec un homme inconnu. Chaque fois que cela se produisait, des choses négatives commençaient à lui arriver dans sa santé, son mariage, ses finances, etc. Après que nous ayons prié pour sa délivrance, l'homme fort fut désarmé et aujourd'hui, elle est affranchie.

SATAN EST ORGANISE

« Car nous n'avons pas à lutter contre la chair et le sang, mais contre les dominations, contre les autorités, contre les princes de ce monde de ténèbres, contre les esprits méchants dans les lieux célestes. » (Eph. 6:12)

La société humaine est si bien structurée que chaque localité est sous une autorité. C'est la même chose qui se passe dans le monde spirituel. Satan assigne ses démons pour strictement contrôler les individus, les familles et les territoires. Quoique Satan ne soit pas omniprésent, sa présence maléfique peut se faire ressentir partout à travers le règne de ses agents.

En Egypte, Moïse devait défaire dix dieux égyptiens qui représentaient dix puissances qui retenaient Israël captif avant leur délivrance. Derrière chaque acte maléfique dans notre société se cache un homme fort. Si nous voulons gagner des gens pour Jésus-Christ, nous devons vaincre l'homme fort.

L'HOMME FORT CONTRE L'HOMME LE PLUS FORT

« Alors, l'un des vieillards me dit : Ne pleure pas ! Vois, le Lion de la tribu de Juda, le vermisseau de David, a triomphé. Il est capable d'ouvrir le rouleau et ses sept sceaux. » (Apocalypse 5:5)

Jésus est le plus fort. Il est là pour vous. Ne pleurez plus ! Il vous donne les clés de la victoire pour votre percée.

« Je te donnerai les clés du royaume des cieux ; tout ce que tu lieras sur la terre sera lié. » (Math. 16:19)

Recevez-la au nom de Jésus. Même si vous êtes faible, la présence de Jésus-Christ dans votre vie vous rendra plus fort. La Bible parle d'un esprit démoniaque qui avait bloqué l'exaucement des prières de Daniel pendant vingt-et-un jours, *« le Prince de la Perse »* (Dan. 10:13). Cet esprit s'opposait à la délivrance d'Israël de la captivité babylonienne. Il y eut une nouvelle intervention divine du ciel pour déloger cette principauté. Daniel qui était faible devint plus fort lorsqu'un homme plus fort vint du ciel pour se joindre à lui. Lorsque l'homme le plus fort entre en jeu, l'homme fort se plie. Quelle que soit la principauté qui vous a jusqu'ici tenu captif, il doit vous libérer maintenant au nom puissant de Jésus ! Pendant que vous commencez à prier agressivement, Dieu va déléguer les anges de guerre pour votre percée. « *Mais le prince du royaume de Perse me retint pendant vingt jours; mais, voici, Michel, l'un des chefs des princes vint à mon secours :* » J'ai le sentiment que le temps est venu pour vous de progresser. Des anges viennent à votre secours.

IDENTIFIEZ L'HOMME FORT

Avant de traiter avec l'homme fort, vous devez d'abord l'identifier, ainsi que les bases légales qu'il a sur votre vie ou famille. Une dame était venue me voir il y a environ quatre ans, pour une prière de délivrance. Son problème était qu'elle avait constamment de fausses couches et ne pouvait pas enfanter. Chaque fois qu'elle concevait, un serpent l'attaquait dans un rêve. Après le combat, le lendemain elle commençait à saigner. Elle finissait par perdre son bébé. Lorsque j'ai commencé à parler avec elle, j'ai compris que l'homme fort qui la combattait était l'esprit de python ; un esprit de divination « nkem si » (Actes 16:16). Je parvins à comprendre que la base légale sur laquelle l'homme fort se tenait était que sa grand-mère faisait la divination (« nkem si ») et l'avait présentée aux esprits comme celle qui allait lui succéder. Je lui demandai d'apporter ce pot d'argile qu'on lui avait donné pendant l'initiation.

Nous l'avons brisé et brûlé avant de prier ensuite pour sa délivrance. Aujourd'hui, elle se porte bien et est mère de trois merveilleux enfants.

L'homme qui vous harcèle pourrait être l'un des suivants :

1. **Un esprit ancestral.** Les esprits ancestraux sont des esprits démoniaques qui oppriment des gens de certaines familles *(Exo. 20:50).* Le diable leur donne pour mission d'appliquer les malédictions générationnelles dans cette famille. Ces esprits s'assurent que les influences négatives se perpétuent dans une famille donnée.

2. **L'esprit des morts.** Ils se cachent derrière vos proches défunts et essaient de contrôler votre vie.

3. **Les maris/femmes de nuit.** Ce sont des esprits démoniaques qui entrent dans des alliances de mariage sataniques avec des gens dans le but de contrôler leurs destinées. Ces esprits visent à détruire leurs victimes. Ils empêchent la victime de se marier. Celles qui se marient ne peuvent pas jouir de la paix dans leur foyer tandis que d'autres ne peuvent pas avoir d'enfants.

4. **L'esprit de divination**. C'est un esprit qui contrôle les devins, les tradipraticiens et les

sorciers. Très souvent, lorsque vous rencontrez un réel tradipraticien, vous pouvez toujours retracer les origines jusqu'à vos ancêtres. C'est ainsi parce qu'il y a un homme fort qui s'assure que dans chaque génération, il y ait un prêtre satanique dans cette famille. Nous avons vu des gens qui sont allés au séminaire pour le ministère pastoral mais qui finalement sont devenus des tradipraticiens. Le problème est qu'ils n'ont pas identifié et lié l'homme fort. Certains deviennent fous parce qu'ils ont refusé de servir cet esprit.

5. **L'esprit de souillure.** L'esprit de contamination cherche à vous souiller et à vous faire puer devant Dieu pour que vous ne puissiez pas voir sa gloire dans votre vie. Chaque fois qu'un grand miracle arrive, les forces de souillure vont livrer bataille pour empêcher le miracle de se manifester. Lorsque vous êtes sous de telles attaques, vous commencez à expérimenter les choses suivantes dans vos rêves (les rêves sont l'image des évènements dans le monde spirituel) : vous vous voyez dans le rêve en pleine relation sexuelle ; vous voyez des excréments dans vos rêves ; vous buvez de l'eau souillée ; vous vous voyez nu ou quelqu'un vous caresse ; etc.

6. **L'esprit d'espionnage**. C'est l'esprit qui vous suit pour s'assurer que vous deviendrez ce que Satan veut que vous deveniez et non ce que Dieu a prévu pour vous. Certaines personnes voient des apparitions. Certaines entendent des voix audibles les appelant par leurs noms. Certaines sentent une présence les accompagnant partout où elles vont. J'avais prié avec quelqu'une qui disait qu'elle croyait qu'elle était dupliquée. Elle sentait la présence d'une autre personne en elle. Une autre dame m'avait dit pendant une prière que chaque fois qu'elle se couchait dans son lit, elle sentait comme si une autre personne partageait le lit avec elle. Comment pouvez-vous vivre en paix dans de telles conditions ? De telles personnes souffrent d'une peur aiguë.

7. **Les esprits de sorcellerie et d'occultisme.** Lorsque vous devenez membre d'une société occulte, vous vous placez sous l'influence de la puissance démoniaque. Certaines personnes servent de façon consciente ces esprits démoniaques, tandis que d'autres sont innocentes. Certains agents des ténèbres invoquent ces esprits contre des gens pour les manipuler et les détruire. Pendant une croisade dans la ville de Ndop, j'avais rendu ministère à une fille qui était assiégée par la sorcellerie. Sa

vie était dans un désordre total. Elle avait reçu une chaîne de son grand-père pour sa protection. Elle avait gardé la chaîne dans une boîte comme son grand-père lui avait commandé de le faire. Pendant que je priais, elle tomba et se mit à crier que le feu la brûlait. Lorsqu'elle fut rentrée à la maison, elle trouva cette chaîne qui était dans une boîte sur le sol, coupée en trois. Tôt le lendemain matin, elle reçut un coup de fil lui annonçant que son grand-père qui lui avait donné cette chaîne était mort ce matin-là. Elle fut totalement affranchie et abandonna sa vie à Christ.

8. **Les esprits territoriaux.** Ce sont des esprits démoniaques qui contrôlent des localités. Il peut s'agir d'une maison, un carrefour, un village ou d'une ville entière. Les esprits territoriaux s'imposent sur ces localités en raison des autels sataniques qui y ont été érigés.

L'homme fort derrière votre vie et votre famille pourrait être l'esprit de stérilité, l'esprit de pauvreté, l'esprit de mariage tardif, l'esprit de malchance, l'esprit d'accident, l'esprit de rejet, l'esprit de division, l'esprit d'immoralité, etc. Identifiez-le et commencez à prier avec ferveur pour votre percée. Ce mois, la puissance doit changer de camp dans votre vie.

SUJETS DE PRIERE

1. *Seigneur, je te remercie et te loue pour ta victoire sur tous mes ennemis.*
2. *Seigneur, je t'adore parce que tu es puissant dans les combats.*
3. *Je me tiens sur l'œuvre accomplie à la croix pour déclarer que Satan n'a aucune base légale pour tenir ma vie.*
4. *Sur la base de l'œuvre accomplie à la croix, je déclare ma victoire sur chaque homme fort assigné contre ma vie.*
5. *Je commande au tonnerre de disperser toute forteresse générationnelle établie dans ma vie et ma famille.*
6. *Je lie tout homme fort militant contre ma vie et ma famille (nommez-les).*
7. *Je démantèle ta domination sur ma vie par le feu.*
8. *Je détruis tout ce qui t'appartient dans et autour de ma vie aujourd'hui par le feu.*
9. *Je marche sur toute puissance ou arme dont tu t'es servi pour me garder dans la captivité.*
10. *Je me libère de toute prison dans laquelle tu m'as gardé jusqu'ici.*
11. *Que le feu du ciel réduise en cendres toutes les armes dont tu t'es servi contre moi.*

12. *Tout joug d'esclavage que tu as mis sur mon cou, je le brise par l'onction.*
13. *Tout fardeau que tu as mis sur mes épaules, je le jette dans le feu.*
14. *Je te commande, toi esprit de ....de lâcher prise sur ma vie (priez à plusieurs reprises).*
15. *Je commande au feu de réduire en cendres tout royaume de l'air, de la terre et de la mer mobilisé contre ma liberté.*
16. *Que tout agent humain à l'œuvre contre ma vie et ma famille soit arrêté par le feu !*
17. *Je commande à tout voile de cécité spirituelle jeté sur ma vie de se consumer par le feu.*
18. *Je brise le lien des mauvaises habitudes imposées sur ma vie.*
19. *Toute puissance qui dit que je ne peux pas lever la tête, je te commande de t'effondrer aujourd'hui.*
20. *Ô Seigneur, tire mes pieds de l'argile bourbeuse et fixe-les sur le roc.*
21. *Seigneur, rends-moi fructueux dans ta maison.*
22. *Seigneur, oins mes mains, ma bouche et mes pieds pour gagner des âmes pour ton royaume.*
23. *Fais de moi une merveille dans ma génération.*

24. *Que le manteau de feu tombe sur moi aujourd'hui et que l'atmosphère autour de moi soit en feu !*

10ème JOUR : LE POUVOIR DOIT CHANGER DE CAMP

Lisez : *Luc 4:1-13, Zacharie 1:18-21, Genèse 1:1-3, Ezékiel 37*

« Depuis le temps de Jean-Baptiste jusqu'à présent, le royaume des cieux est forcé, et ce sont les violents qui s'en emparent » (Matthieu 11:12)

Lorsque les ténèbres dominent. Il y a un chaos total e passage de Genèse 1:2 nous révèle ce qui se passe et un vide. Lorsque Satan est au contrôle de la vie d'un homme, d'une famille, d'une ville et d'une nation, il y a la douleur et des catastrophes. Pensez au cas de Jéricho dans 2 Rois 2. Quoique la ville était belle, la stérilité ruinait ses habitants jusqu'à ce qu'Elisée vienne avec la puissance de guérison. Qu'en est-il du démoniaque du pays des Gaderéniens ? Il se meurtrissait avec des pierres dans les sépulcres jusqu'à ce que Jésus vienne à son secours (Marc 5). La ville de Samarie était dans des ténèbres spirituels, tourmentée par un sorcier appelé Simon jusqu'à ce que Philippe vienne avec l'évangile (Actes 8).

Nous constatons ici que les ténèbres viennent toujours en premier et puis, la lumière suit. Les ténèbres ne peuvent pas durer éternellement. Voilà pourquoi je suis convaincu que votre situation va changer. Lorsque le temps du changement de Dieu arrive, il confronte les ténèbres avec la lumière. La lumière dissipe toujours les ténèbres. Toutes les ténèbres fléchiront dans votre vie parce que la Bible dit :

« Lève-toi, sois éclairée, car ta lumière arrive ! Et la gloire de l'Eternel se lève sur toi. Voici, les ténèbres couvrent la terre, Et l'obscurité les peuples ; mais sur toi, l'Eternel se lève, sur toi sa gloire apparaît. » (Esaïe 60:1-2).

Voici le moment où vous devez prendre le dessus. Alors, vous devez vous lever et briller.

Dans notre lecture, Luc 4:1-13, nous voyons Jésus dans le lieu de prière, face à face avec le diable. La mission de Jésus sur terre était de sauver l'humanité de la domination de Satan. Il ne pouvait pas le faire sans une prise de pouvoir spirituelle. Aussi longtemps que Satan était au contrôle dans la sphère spirituelle, il ne pouvait rien faire dans le monde physique. Jésus a donné un K.O. spirituel à

Satan dans le lieu de prière et de jeûne avant son ministère public. Nous comprenons pourquoi il eut des résultats extraordinaires.

Quelle est cette puissance qui a toujours contrôlé votre vie ? Identifiez-la et confrontez-la avec la lumière. La lumière ici est une vie de pureté. Une vie basée sur la vérité de la parole de Dieu. Confronter les puissances des ténèbres avec la lumière renvoie à vous tenir debout et à rappeler à Satan qu'il a perdu son autorité sur votre vie depuis plus de deux mille ans. Vous n'êtes pas prêt à vous compromettre de quelque façon que ce soit. Vous êtes déterminé à voir la gloire de Dieu dans votre vie à tout prix.

SUJETS DE PRIERE

1. *Seigneur, je te loue et te remercie pour ce que tu es en train de faire dans ma vie ce mois.*
2. *Seigneur, je t'adore parce que tu es le Seigneur puissant et souverain.*
3. *Seigneur, pardonne et purifie-moi de toute forme de compromission.*
4. *Seigneur, ouvre mes yeux pour voir tout aspect de ma vie et de mon ministère où j'ai laissé le diable dominer.*
5. *Seigneur, j'abandonne tout aspect de ma vie à la seigneurie de Jésus-Christ.*

6. *Cher Saint-Esprit, disperse toutes les ténèbres de ma vie, de mon église et de notre nation par ta lumière.*
7. *Ô Seigneur, fais venir une nouvelle saison de révélation de ta parole.*
8. *Seigneur, envoie-nous ta parole avec puissance.*
9. *Que toute corne s'opposant à mon progrès spirituel et financier soit écrasée par le marteau divin de Dieu.*
10. *Ô Seigneur, je reçois tout ange menuisier dans ma vie, dans ma famille et dans mon église pour démanteler toute puissance qui s'oppose à ma croissance.*
11. *Ô Seigneur, lève-toi et disperse toutes les puissances qui influencent ma vie.*
12. *A partir d'aujourd'hui, que la puissance change de camp dans tous les aspects de ma vie !*
13. *Ô Seigneur, fortifie-moi dans l'homme intérieur pour être un vainqueur.*
14. *Seigneur, libère de nouveau la puissance de la prière et du jeûne dans ton église.*
15. *Ô Seigneur, fortifie mes mains pour dominer mes ennemis.*
16. *Seigneur, je refuse d'être une honte pour ton royaume.*
17. *Que la puissance de sainteté s'empare de ma vie.*

18. *Que ma terreur soit terrorisée. Que mes oppresseurs soient opprimés.*
19. *Élève-moi aujourd'hui dans tous les domaines de ma vie.*
20. *Mon père, cache-moi dans le roc qui est plus haut que moi.*
21. *Ô Seigneur, relâche dans mes mains aujourd'hui, toute arme spirituelle dont j'ai besoin pour dominer ma chair, le monde et le diable.*
22. *Que la verge du méchant ne domine plus ma vie.*
23. *Seigneur, relâche dans mes mains toute provision physique et financière dont j'ai besoin pour accomplir ma destinée.*
24. *Que toute puissance déterminée à m'empêcher à atteindre le ciel MEURE aujourd'hui !*

11ème JOUR : COMMENT BRISER LE POUVOIR DES NOMS MALEFIQUES

Lisez : *Esaïe 62:1-5, Genèse 32, Genèse 17:1-10*

« Et l'on t'appellera d'un nom nouveau, que la bouche de l'Éternel déterminera » (Esaïe 62:2)

Votre nom est très important car il influence tous les aspects de votre vie. Votre nom est une prophétie qui influence votre destinée. En fonction de votre nom, votre destinée passe ou casse. C'est pour cette raison que dans les Ecritures, Dieu accordait toujours un intérêt particulier aux noms des personnes qu'Il voulait utiliser. Dieu s'assurait que le nom de la personne qu'Il voulait utiliser cadrait avec la mission qu'Il voulait lui confier. Les problèmes de certaines personnes émanent de leurs noms. Les pouvoirs maléfiques qu'impliquent leurs noms s'arrangent à ce que les choses tournent toujours mal avec elles. Afin d'en découdre avec les puissances des ténèbres qui manipulent votre vie partant de votre nom, vous devez faire ce qui suit :

1. **IDENTIFIER LA SIGNIFICATION DE VOTRE NOM.**

   Si vous voulez connaître la signification de votre nom, interrogez vos parents ou la personne qui vous a donné ce nom. Vous pouvez également connaître la signification de votre nom en contactant des anciens de votre localité d'origine. Vous pouvez aussi trouver la signification de votre nom dans un bon dictionnaire biblique si votre nom est tiré de la Bible. Il se trouve que certaines tribus attribuent aux enfants des noms qui n'ont aucune signification.

   Vous devez savoir deux autres choses importantes concernant les noms. La première est de savoir si vous avez hérité du nom de quelqu'un. Il s'avère que certaines personnes ont tendance à ressembler aux gens dont elles portent le nom. Certains endurent les mêmes calamités que leurs homonymes. Cela implique que des forces du mal sont à leurs trousses. La deuxième chose que vous devez savoir sur votre nom est pourquoi il vous a été attribué. Il existe des noms qui ne sont donnés qu'aux enfants qui naissent avec un signe particulier. L'attribution de ces noms s'accompagne de certains rites. Ces personnes doivent se défaire d'alliances diaboliques.

2. **VOUS DEVEZ EN DECOUDRE AVEC LES FORCES DU MAL QUI SE CACHENT DERRIERE VOTRE NOM**

   a. **Repentez-vous.** Demandez à Dieu de vous pardonner d'avoir donné à vos enfants des noms à connotation négative. Demandez à Dieu de vous pardonner d'avoir accepté ces noms. Certaines personnes, par ignorance, donnent à leurs enfants des noms de stars et célébrités mondaines. Certaines de ces personnes sont dominées par des esprits méchants. Une sœur avait amené sa fille à mon bureau pour des prières. Quand je lui ai demandé le nom de l'enfant, elle a dit Monica Lewinsky. Ce fut un choc pour moi. Monica Lewinsky est la femme dont on se souviendra toujours dans l'histoire des Etats-Unis à cause de sa relation coupable avec l'ex-président Bill Clinton. Comment pouvez-vous raisonnablement donner à votre enfant le nom d'une telle femme ? J'ai immédiatement changé son nom. Aujourd'hui, cette jeune fille porte le nom de Victory (Victoire).

   b. **Renoncez.** Du fond de votre cœur renoncez à toute alliance maléfique établie entre vous et de mauvais esprits à cause du nom que vous portez.

c. **Annuler.** Annuler les effets néfastes de ce nom sur votre vie par le sang de Jésus.

d. **Exorcisez l'Esprit qui se cache derrière ce nom.** Liez et chassez tous les mauvais esprits qui combattent votre vie partant de votre nom. Brisez également leur emprise sur votre vie et proclamez votre liberté au nom de Jésus.

e. **Changez de nom.** Dans la Bible, nous voyons comment Dieu a réglé le problème des mauvais noms. Il a changé d'Abram (père exalté) à Abraham (père de plusieurs nations) Gen.17: 5 Il a changé Jacob (tricheur) en Israël (Prince de Dieu) Gen.32: 28. Nous apprenons de Dieu Lui-même que nous pouvons changer nos noms négatifs en des noms positifs.

Il y a de cela environ vingt ans, mon père avait été affecté à une école dans un village. Dans sa classe il y avait un garçon appelé Goodnodey (le bien n'existe pas). Mon père contacta sa mère pour savoir pourquoi il avait reçu un nom aussi négatif. Sa mère dit qu'elle l'avait fait suite à une frustration. Elle avait eu neuf enfants qui étaient tous morts avant la naissance de celui qu'elle baptisa Goodnodey. Quand elle a finalement eu le dixième, elle lui donna le nom Goodnodey (il n'y a rien du bien), ce qui signifie que tout est contre elle. Mon père lui dit que le fait que le dixième enfant soit vivant était un signe de la bénédiction de Dieu. Alors, mon père donna le nom Godwill (la volonté de dieu) à cet enfant. Cet enfant seul survécut. Aujourd'hui, il est un homme responsable, marié et père de plusieurs enfants. Je ne sais pas ce qui aurait pu arriver s'il avait gardé le nom Goodnodey.

Jaebets avait trop de problèmes à cause de son nom. Jaebets signifie affliction, peine et tristesse. Il est écrit qu'il pria pour que Dieu le bénisse et Il l'exauça (1 Chron. 4:9-10). Nous ne savons pas s'il avait changé son nom ou pas. Laissez le SaintEsprit vous diriger.

f. **Invoquez la bénédiction qu'implique votre nom.** Certaines personnes ont des noms prophétiques, mais leur vie ne reflète pas leurs noms. Cela signifie qu'elles portent un nom intéressant, mais dans le domaine spirituel, elles ont un nom différent. Dans Esaïe 62:4, nous voyons une situation où

> Sion est le nom physique, mais dans le règne spirituel le nom est plutôt *désolé*. Les événements qui se produisaient à Sion révélaient son vrai visage spirituel. Dieu dit :
>
> ***« On ne te nommera plus délaissée, on ne nommera plus ta terre désolation ; mais on t'appellera mon plaisir en elle, et l'on appellera ta terre épouse ; car l'Éternel met son plaisir en toi, et ta terre aura un époux » (Isaïe 62:4)***
>
> Désormais, chaque nom maléfique qui t'a tant créé de problème dans la sphère spirituelle sera révoqué au nom de Jésus. Dieu restaure dans ta vie toutes les bénédictions qui t'ont été volées. Ce qu'il y a de positif en toi et qui est resté longtemps voilé va se manifester.

Remarque : Vérifiez aussi le nom de votre activité ou société. Prenez la peine de vérifier les inscriptions figurant sur les vêtements et autres effets ménagers avant de les acheter.

SUJETS DE PRIERE

1. *Seigneur, merci pour le nouveau nom que tu me donnes.*

2. *Je t'adore parce que tu es le meilleur et tu feras en sorte que je sois le meilleur de ce que je suis censé être.*
3. *Je t'adore Jésus, parce que tu fais toute chose nouvelle pour moi.*
4. *Je me repens d'avoir accepté un nom maléfique.*
5. *Aujourd'hui, je renonce à toute alliance ou accord diabolique convenu avec le monde des ténèbres partant de mon nom.*
6. *Je brise cette alliance et m'en libère au nom de Jésus.*
7. *Je lie et rejette de ma vie tout mauvais esprit qui se cacherait derrière mon nom.*
8. *Je brise toute malédiction qui est à l'œuvre dans ma vie à cause de ce nom.*
9. *Toute onction diabolique sur ma vie liée à mon nom est consumée par le feu.*
10. *J'efface toute marque négative de ma vie avec le sang de Jésus.*
11. *Je détruis le pouvoir de tout nom négatif qui m'identifie dans le monde spirituel.*
12. *Je commande le feu de Dieu pour brûler toutes les enseignes sataniques qui attirent le malheur sur ma vie.*
13. *Toute limitation imposée sur ma vie par mon nom est rompue au nom de Jésus.*

14. *Que les cieux s'ouvrent sur ma vie.*
15. *Ô Dieu d'Abraham, donne-moi un nouveau nom à partir d'aujourd'hui.*
16. *Marque ma vie avec l'onction de la faveur divine.*
17. *A partir d'aujourd'hui je prends possession de la grâce liée au nom que tu me donnes.*
18. *Ô Seigneur, que le nom que tu me donnes depuis le ciel prenne effet dans ma vie.*
19. *Seigneur, envoie l'ange de mon nom pour restaurer tout ce que j'ai perdu.*
20. *A partir d'aujourd'hui le monde me verra comme le ciel me voit.*
21. *Les incroyants verront la gloire du Seigneur dans ma vie et viendront à Jésus.*
22. *Ceux qui se moquaient de moi se joindront à moi pour célébrer le Seigneur avant la fin de cette année.*
23. *Ô Seigneur, apprends-moi à voir la gloire dans la croix de JésusChrist.*
24. *Fais que je sois un vrai chrétien dans mes pensées, mes paroles et mes actes au nom de Jésus.*
25. *Seigneur, prépare-moi en tant que membre de l'épouse de Christ qu'est l'Eglise, afin que je ne manque pas l'enlèvement.*

12-13ème JOURS : COMMENT SE LIBERER DE L'EMPRISE DES DIVINITES FAMILIALES

Lisez : *Juges 6:1-31, 2 Rois 5:27, Ex. 3:7-10*

« Dans la même nuit, l'Éternel dit à Gédéon : Prends le jeune taureau de ton père, et un second taureau de sept ans. Renverse l'autel de Baal qui est à ton père, et abats le pieu sacré qui est dessus. Tu bâtiras ensuite et tu disposeras, sur le haut de ce rocher, un autel à l'Éternel ton Dieu. Tu prendras le second taureau, et tu offriras un holocauste, avec le bois de l'idole que tu auras abattue. » (Juges 6:25-26)

Les dieux familiers ou les idoles familiales sont la principale cause de vos problèmes spirituels. Notre Dieu a horreur de l'idolâtrie. Parlant de l'idolâtrie, il dit à Israël :

« Tu ne te feras point d'image taillée, ni de représentation quelconque des choses qui sont en haut dans les cieux, qui sont en bas sur la terre, et

qui sont dans les eaux plus bas que la terre. Tu ne te prosterneras point devant elles, et tu ne les serviras point ; Car moi, l'Éternel, ton Dieu, je suis un Dieu jaloux, qui punis l'iniquité des pères sur les enfants jusqu'à la troisième et la quatrième génération de ceux qui me haïssent » (Ex.20:4-5).

Dieu promet de punir les adorateurs d'idoles, ainsi que leurs enfants jusqu'à la quatrième génération. Cela implique que même les gens qui ne se sont jamais prosternés devant une idole peuvent toujours en faire les frais.

Vous conviendrez avec moi que nos fondations ont été souillées par l'idolâtrie. Jusqu'à ce jour, certains d'entre nous ont encore des idoles installées dans leurs maisons familiales. Des membres de leur famille y vont régulièrement pour adorer les morts et les dieux de la famille. A cause de cela, beaucoup souffrent de problèmes étranges, la misère, la mort précoce, et bien plus. Aujourd'hui, nous voulons nous libérer totalement de la captivité des divinités familiales.

Dieu avait une mission spéciale pour Gédéon, mais il était issu d'une famille d'adorateurs d'idole. Vous vous rendrez compte que les enfants des marabouts et prêtres païens souffrent beaucoup dans la vie. Gédéon était tellement béni qu'avant le début même de son ministère, Dieu lui révéla qu'il devait d'abord éliminer les dieux de la maison de son père. Il dût physiquement et personnellement renverser et brûler l'autel de Baal qui était dans la maison de son père. Ce n'est qu'après l'avoir fait qu'il engagea son ministère.

COMMENT GERER LES IDOLES FAMILIALES ET OPERER LA DELIVRANCE FAMILIALE

Quand la famille se rassemble un jour convenu, procédez comme suit :

a. Commencez par une confession profonde des péchés de la famille. Une confession collective puis individuelle. Vous pouvez le faire dans le jeûne selon que le Seigneur vous inspirera.

b. Renoncez aux idoles, sanctuaires, divinités et toutes les alliances diaboliques scellées par vos ancêtres.

c. Effectuez la restitution. Si vos ancêtres ont extorqué des terres par la force, restituez-les. Acquittez-vous de vos dettes et engagez-vous à suivre les voies du Seigneur.

d. Brûlez et détruisez toutes les idoles et gris-gris. Faites-le avec l'accord des autres. Si le chef de famille refuse, renoncer à votre affiliation à ces idoles et divinités et la rupture sera toujours valide. Sauf cas d'exception, n'utilisez pas la force pour brûler une idole familiale seule. Je connais un certain nombre de successeurs qui ont convaincu certains membres de leur famille et ont détruit leurs idoles familiales malgré l'opposition de certains.

e. Prêchez aux membres de la famille qui ne sont pas nés de nouveau. Prenez le temps d'étudier la parole de Dieu en famille.

f. Passez du temps à intercéder et à faire des prières de combat en faveur de la famille.

g. Faites prononcer des déclarations prophétiques sur la famille après la rupture des malédictions.

SUJETS DE PRIERE

Sur la base des résultats de vos recherches au chapitre 3, citez nommément pendant que vous priez les idoles et sanctuaires que vous avez identifiés dans votre famille.

1. *Ô Seigneur, je me repens profondément de tous les mauvais actes de nos pères (pactes avec des démons, sang innocent versé, infidélité, polygamie, rejet de l'Évangile, etc.).*
2. *Pardonne-nous et purifie nos familles par le sang précieux de Jésus-Christ.*
3. *Au nom de Jésus, je dénonce les dieux de la maison de mon père et de ma mère.*

4. *Je me libère de tout lien avec des sanctuaires et autels de famille au nom de Jésus.*
5. *Je révoque tous les contrats diaboliques établis entre mes ancêtres et les démons au nom de Jésus.*
6. *Avec le sang de Jésus-Christ, j'annule toute demande, tous les pactes et accords sataniques avec mes ancêtres au nom de Jésus.*
7. *Au nom puissant de Jésus, j'annule tous les mariages et dédicaces spirituels établis avec les démons au nom de Jésus.*
8. *Au nom puissant de Jésus, je lie tous les hommes forts de ma famille.*
9. *Toute puissance de la maison de mon père qui s'oppose à moi est détruite au nom de Jésus.*
10. *Toute puissance maléfique de la maison de ma mère est détruite au nom de Jésus.*
11. *J'envoie le feu du jugement de Dieu sur les sanctuaires de la maison de mon père et de ma mère au nom de Jésus.*
12. *Je brise les influences de toutes les divinités familiales de ma vie et de celle de mes enfants.*
13. *Toute entité spirituelle désignée par mon père/ma mère pour contrôler ma vie est liée au nom de Jésus.*

14. *Je lie tout esprit ancestral qui combat ma destinée au nom de Jésus.*
15. *Je renverse l'autel du culte des ancêtres au nom de Jésus*
16. *16. Je bâtis un autel de justice dans ma famille au nom de Jésus.*
17. *Je surmonte toute limitation imposée par l'ennemi sur mon chemin, au nom de Jésus*
18. *Je déclare que ma famille servira le Seigneur.*
19. *Je dédie mes enfants et même ceux qui sont à naître à Dieu au nom de Jésus.*
20. *Le bonheur et la grâce suivront ma famille tous les jours de notre vie.*

14ème JOUR : BRISER LES FONDATIONS DE LA PERVERSION SEXUELLE

Lisez : *1 Corinthiens 6:12-20*

« Les aliments sont pour le ventre, et le ventre pour les aliments ; et Dieu détruira l'un comme les autres. Mais le corps n'est pas pour l'impudicité. Il est pour le Seigneur, et le Seigneur pour le corps. » (1Cor.6:13)

L'immoralité sexuelle est l'un des péchés qui gouverne la vie de plusieurs personnes. C'est aussi un instrument que le diable utilise pour mettre de côté plusieurs de la course chrétienne. Je crois que c'est possible de mettre l'immoralité sexuelle sous tes pieds parce que la bible dit :

« Tout m'est permis, mais tout n'est pas utile ; tout m'est permis, mais je ne me laisserai asservir par quoi que ce soit. Les aliments sont pour le ventre, et le ventre pour les aliments ; et Dieu détruira l'un comme les autres. Mais le corps n'est pas pour

l'impudicité. Il est pour le Seigneur, et le Seigneur pour le corps. » (1Cor.6 :12-13)

Qu'est-ce que la perversion sexuelle ? De façon générale, la perversion parle du changement de quelque chose de bien, de vrai, de sûre en quelque chose de mal et de faux. La perversion sexuelle est donc toute pratique sexuelle considérée inhabituelle ou inadmissible. Seule la bible peut nous donner un contexte dans lequel la pratique sexuelle est acceptée. Bibliquement parlant, le sexe est seulement permis entre deux (02) personnes, homme et femme, officiellement mariées. Toute autre pratique en dehors de ce contexte est considérée perverse.

COMMENT SONT ETABLIS LES PERVERSIONS SEXUELLES ?

1. **Héritées :** Il existe des familles très immorales. Lorsqu'on examine leurs ancêtres, on découvre ou constate que quelque part dans le passé, un des parents est entré en alliance avec des esprits sexuels. Il a été noté que les enfants issus des foyers polygamiques sont généralement très sexuellement actifs. Ils ont tendance à multiplier les partenaires sexuels. Imaginez un homme marié avec soixante-dix femmes. Dans la plupart des cas, en vue de subvenir aux besoins de ses

épouses, le mari, l'époux se voit obligé d'inviter les guérisseurs traditionnels (les marabouts) pour le fortifier. Dans le processus de fortification, les esprits sexuels sont ainsi invités. A long terme, les enfants nés de ces familles sont contaminés par l'esprit d'immoralité.

2. **Rapport sexuel avec les personnes contaminées** : lors de toute union sexuelle, le mariage a lieu. Il y a communication physique et spirituelle. « » Si l'un des partenaires a une maladie vénérienne, l'autre va recevoir une bonne dose. Si l'un est possédé par un esprit maléfique, il y a également contamination. L'union des âmes est établie avec ces partenaires sexuels. De façon inconsciente, vous devenez un avec cette personne. C'est la raison pour laquelle certaines personnes ne résistent pas lorsqu'elles rencontrent un ancien partenaire sexuel quoiqu'étant mariées. Vous devez vous séparer d'une telle union.

3. **Pornographie** : Plusieurs personnes sont dépendantes sexuellement à partir du matériel (documents) pornographique. J'ai prié avec une jeune fille de seize ans dont la vie était complètement détruite à cause des films pornographiques nocturnes. Elle m'a confié que chaque fois qu'elle visionnait de tels films provocants, elle s'excitait et pour éteindre le

feu, elle se masturbait utilisant des objets bizarres. Elle a vite développé une maladie vénérienne. Au moment où elle s'amenait pour la prière, ses parents avaient déjà dépensé de grosses sommes pour essayer de la guérir mais sa condition ne faisait que s'empirer. Les parents ne savaient pas ce qu'elle avait eu à faire. La masturbation est une porte ouverte aux esprits immoraux.

4. **Le Viol :** Dans le cas du viol l'une des parties n'est pas consentante. Ceci n'exclut pas le fait que la victime soit souillée. Si vous avez été violée, vous devez briser les fondations démoniaques établies dans votre vie à travers cet acte. Très souvent les esprits d'abus, de dépression, de rejet, de frigidité sexuelle, d'amertume suivent les victimes de viol. Si vous avez plutôt violé quelqu'un, vous devez en découdre avec la fondation de la violence sexuelle que vous avez établie. Vos enfants seront contaminés (si vous ne brisez pas ce lien) si vous ne mettez pas fin à cela.

5. **L'inceste :** L'inceste est toute activité sexuelle entre deux personnes considérées pour des raisons morales ou génétiques très liées. Les conséquences liées à l'inceste sont horribles. La première d'elles est la mort (voir Lévitique 18).

6. **Divorce et remariage :** Certaines personnes font vite de rompre leurs mariages et de s'engager dans de nouvelles relations maritales. Dieu est contre cela (Malachie 2 :16). De telles personnes finissent dans des fondations déformées (détruites).

7. **Livres pervers et musiques immorales :** Ces deux appartiennent aux matériels pornographiques ; je voudrais insister ici que le type de musique que vous écoutez peut vous édifier dans la justice ou polluer votre vie. L'une des grandes portes ouverte à l'esprit de séduction est la musique perverse. Change le style de musique que tu écoutes et tu verras l'esprit de séduction te quitter.

8. **Mari spirituel/ femme spirituelle :** Les personnes qui visitent les guérisseurs traditionnels (marabouts) entrent en alliance avec les esprits sataniques à travers les différents rituels faits sur eux. Dans leurs rêves, ils se voient faisant l'amour avec des personnes étranges. Très souvent, ces démons se masquent comme des personnes que vous connaissez. J'ai prié avec une femme qui a dit que certaines nuits, environ trente hommes différents l'ont abusé dans son sommeil. Dans certains cas, un gros serpent venait même lui faire l'amour. Quelques fois, à son réveil elle

saignait. Faites attention à l'endroit où vous allez chercher la protection et le traitement (les soins). Vous pouvez négliger ces rituels, mais dans le règne spirituel Satan a juste besoin d'une petite ouverture pour envahir toute votre vie. Une jeune fille a confessé lors d'une prière qu'une fois ses parents l'ont amenée chez un guérisseur traditionnel pour les soins et cet homme a couché avec elle à leur insu. Depuis lors, chaque nuit cet homme venait faire l'amour avec elle. Elle avait des douleurs insupportables jusqu'à ce que Jésus-Christ la libère.

COMMENT ÊTRE LIBRE ?

1. Repens-toi. Admets que tu as péché et demande pardon à Dieu.
2. Détruis tout matériel pornographique en ta possession. Abandonne tous les objets sataniques en ta possession (bagues, écorces d'arbre, parfums spéciaux, bracelets, etc.).
3. Renonce sincèrement à toute alliance avec les esprits sexuels.
4. Brise tous les liens d'âme.
5. Brise toute fondation de perversion sexuelle.
6. Consacre ta vie à Jésus (voir Romains 6 :13-14).

SUJETS DE PRIÈRE

1. *Seigneur, merci pour ma vie et pour ta puissance mise à ma disposition.*
2. *Prends du temps et adore-Le pour ce qu'Il est et pour ce qu'Il a fait dans ta vie, famille et nation. Adore-Le aussi pour ce qu'Il va faire en cette saison.*

Impose ta main droite sur ton bas ventre pendant que tu fais les prières suivantes :

3. *Ô Seigneur, pardonne-moi de tout péché sexuel avec .... (Citez leurs noms, l'un après l'autre. Pour ceux dont tu ne t'en souviens plus, demande aussi pardon à Dieu.)*
4. *Seigneur, aujourd'hui je renonce à toute alliance sexuelle établie entre ... (Mentionnez les nommes l'un après l'autre) et moi.*
5. *Je me sépare aujourd'hui de .... (Mentionnez le nom) corps, âme et esprit au nom de Jésus.*
6. *Je commande tout mauvais esprit d'immoralité harcelant ma vie à cause de mon union avec .... (Prononcez les noms des partenaires sexuels) de me quitter aujourd'hui et à jamais.*
7. *Seigneur, purifie-moi par le Sang de Jésus de toute souillure dans mon corps, mon âme et esprit à travers les visites chez les guérisseurs traditionnels.*
8. *Seigneur, purifie-moi par le Sang de Jésus de toute souillure dans mon corps, mon âme et*

esprit à travers le sexe avec toute personne dans le règne physique ou dans le règne spirituel.

9. *Seigneur, pardonne-moi et purifie-moi de toute contamination sexuelle héritée de mes parents.*
10. *Aujourd'hui, je renonce et me sépare de toute alliance familiale avec tout esprit sexuel au nom de Jésus.*
11. *Je commande tout acte de mariage avec tout mari/ femme spirituel de prendre feu au nom de Jésus.*
12. *Je commande toute chose me liant à tout esprit démoniaque de prendre feu.*
13. *Je divorce maintenant de tout mariage dans lequel je me trouve de façon inconsciente.*
14. *Je commande à toute fondation démoniaque de perversion sexuelle dans ma vie et celle de ma famille de prendre feu.*
15. *Seigneur, je te consacre aujourd'hui mon corps, mon âme, mon esprit.*
16. *Seigneur, remplis-moi de l'Esprit de sainteté et soutiens-moi contre toute chute.*
17. *Seigneur, revêts-moi de la pureté.*
18. *Saint-Esprit, prends possession de mes pensées et de toutes les barrières de ma vie.*
19. *Seigneur Jésus, rend-moi constamment victorieux sur toutes formes d'immoralité.*

15-16ème JOURS : PERCÉE FAMILIALE

Lisez : *1 Samuel 2:12-36, Juges 6:1-40, Exode 3:7-10, Matthieu 10:36, Michée 6:7*

"La division entre l'homme et son père, entre la fille et sa mère, entre la belle-fille et sa belle-mère ; et l'homme aura pour ennemis les gens de sa maison » (Matthieu 10:36)

La famille est très importante dans le plan de salut de Dieu. C'est la famille qui élève les personnes qu'Il utilisera pour atteindre ses buts divins. Les parents sont donc des partenaires de Dieu dans le processus de préparation des enfants à la mission divine de leur vie. Le diable a détruit des destinées dans des familles. Il utilise des personnes méchantes pour combattre et manipuler les personnes porteuses d'un rêve divin. De nombreux foyers polygamiques sont des fronts de combat acharnés. Ceux qui y naissent doivent batailler sérieusement pour réussir dans la vie. Souvenez-vous de Joseph, ses ennemis étaient ses propres frères. Ils l'avaient vendu et voué à la destruction en se disant,

« ...nous verrons ce que deviendront ses songes. » (Gen. 37:20).

Satan recrute actuellement au moins un agent des ténèbres dans chaque ménage pour s'assurer que les semences pieuses sont détruites. Les démons se disent détruisons-les *« et nous verrons ce que deviendrons leurs rêves. »* Le diable sait que votre rêve est ce qui rend unique et grand. Il sait également que le meilleur moment pour tuer un rêve est lorsqu'il est encore petit. C'est pour cette raison qu'il mobilise ses forces contre des familles afin de tronquer de grands rêves et les tuer dans l'œuf. Un grand nombre de familles sont attaquées ces derniers temps. Parfois, on cherche la source du problème à l'extérieur pourtant elle est tranquillement assise dans la maison. Puisse Dieu exposer les activités de l'ennemi dans votre famille au nom de Jésus. Nous gérons beaucoup de problèmes spirituels dans des familles, qui sont causés par des domestiques. Un bon nombre d'entre eux viennent avec des esprits étranges qui manipulent des familles. Des enfants innocents ont été initiés dans la sorcellerie par des domestiques. Faites très attention aux personnes que vous admettez chez vous comme domestiques. Il y a de cela dix ans environ, nous avons embauché une jeune fille chez nous qui par la suite est devenue une menace pour nos enfants. Elle pratiquait la sorcellerie et nous ne le savions pas. Nous avons eu beaucoup de problèmes de santé, et perdu beaucoup d'argent pour rien. Un jour j'ai dit à ma femme que c'en était assez, nous avons entamé un jeûne et le joug de la maladie fut brisé. Elle fut exposée. Avant de s'enfuir de la maison, elle a confessé comment elle avait plusieurs fois essayé d'initier les enfants dans la sorcellerie mais sans succès. Elle nous a également confié comment elle avait l'habitude d'apporter des produits étranges de leur cercle de sorciers pour empoisonner nos repas afin de paralyser nos vies spirituelles et nous rendre malades.

Eli est l'un de ces parents qui n'a pas joué son rôle dans l'éducation de ses enfants. Le nom de sa femme n'est même pas mentionné une seule fois dans la Bible. La Bible leur reproche d'avoir manqué d'élever leurs enfants selon les voies de Dieu. Nous devons bien jouer nos rôles dans l'éducation de nos enfants. Chaque parent doit être un modèle pour ses enfants. Si vous faites de votre mieux et que les enfants sont toujours indisciplinés, Dieu ne vous en voudra pas pour cela.

Aujourd'hui nous déclarons la guerre aux ennemis de nos familles. La parole du Seigneur dans Psaumes 128:3 doit s'accomplir dans nos familles. Tandis que vous bataillez aujourd'hui dans la prière, je vois les portes de salut s'ouvrir pour votre famille ; je vois votre épouse portant le fruit des entrailles. Beaucoup de vaillants guerriers sont devenus la risée de l'ennemi à cause de l'effet néfaste des dieux domestiques. Des gens ont atteint de grands sommets puis se sont écroulés misérablement à cause de l'attrait magnétique de ces alliances maléfiques. Certains sont restés au point de départ malgré leurs efforts pour avancer. On comprend donc pourquoi Dieu avait insisté pour que Gédéon détruise l'autel de Baal dans la maison de son père avant de s'engager dans le ministère. Quelque chose doit mourir pour permettre à une vie nouvelle d'émerger. Une puissance doit tomber pour que l'autre s'élève. Aujourd'hui nous prononçons un jugement contre tous les autels, idoles, hauts lieux, dieux domestiques et ennemis de nos familles. Même si vous êtes déjà libre, priez pour vos proches. Notre victoire est consignée dans Ephésiens 1:7-8, Galates 3:1314, 29. Rappelez-vous que tout décret non appliqué ne peut être suivi. C'est par la prière que nous transformons ce qui est écrit en réalité dans nos vies.

SUJETS DE PRIERE

1. *Seigneur merci pour ce jour et pour ta bénédiction sur ma famille.*
2. *Seigneur, je t'adore parce que tu as choisi ma famille.*
3. *Ô Seigneur, je me repens profondément de tous les mauvais actes posés par les ancêtres (pactes avec des démons, sang innocent versé, infidélité, polygamie, rejet de l'Évangile, etc.)*
4. *Pardonne-moi et purifie ma famille par le sang précieux de Jésus Christ.*
5. *Au nom de Jésus, je dénonce les dieux de la maison de mon père (nommez-les si vous les connaissez).*
6. *Je me libère de tout lien avec les sanctuaires et autels de famille au nom de Jésus.*
7. *Je révoque tous les contrats diaboliques établis entre mes ancêtres et les démons au nom de Jésus.*
8. *Avec le sang de Jésus-Christ, j'essuie toute demande, pactes et accords sataniques avec mes ancêtres au nom de Jésus.*
9. *Je renverse l'autel du culte des ancêtres au nom de Jésus.*
10. *Je bâtis un autel de justice dans ma famille au nom de Jésus.*

11. *Lève-toi Seigneur et que les ennemis de nos ménages soient dispersés.*
12. *Crée sur nos ménages ta colonne de nuée et de feu (Esaïe 4:5-6).*
13. *Seigneur, expose les œuvres du diable dans nos ménages.*
14. *Que tous les réseaux démoniaques soient démantelés.*
15. *Que tout ce que Dieu n'a pas planté dans mon ménage soit déraciné au nom de Jésus.*
16. *Toutes les puissances qui s'opposent à la prospérité et la paix dans ma maison s'écroulent au nom de Jésus.*
17. *Je reprends toutes mes bénédictions des mains des ennemis de ma maison au nom de Jésus.*
18. *Je reprends tous mes enfants des mains des ennemis de ma maison au nom de Jésus.*
19. *Je frustre tous les plans des ennemis de ma maison.*
20. *Que tous les agents des ténèbres engagés contre ma maison s'écroulent au nom de Jésus.*
21. *Que tout ce qui disperse ma maison soit dispersé aujourd'hui.*
22. *Je commande aux cieux de s'ouvrir sur ma maison au nom de Jésus.*

23. *Que l'esprit de la crainte du Seigneur remplisse ma maison au nom de Jésus.*
24. *Je déclare que je laisserai un héritage pour mes enfants avant ma mort.*
25. *Ô Seigneur, élève ma maison au-dessus de mes ennemis.*
26. *Je me dresse contre les puissances ci-après qui détruisent nos foyers :*
    a. *la concurrence*
    b. *les hommes et femmes étranges*
    c. *les membres de ma belle-famille qui agissent sous l'emprise des démons*
    d. *L'échec financier, la pauvreté et la galère*
    e. *Les maris et femmes de nuit*
    f. *Les esprits hérités de ma lignée*
    g. *L'esprit de peur*
    h. *Les malédictions relatives au mariage*
    i. *L'esprit d'incompréhension, d'exagération et d'intolérance*
    j. *Un attachement malsain aux parents et à la famille Je brise leur influence et libère tous les ménages*
27. *Je brise toutes les malédictions anti-mariage qui affectent nos maisons au nom de Jésus-Christ.*

28. *Je commande à tous les mariages détruits de ressusciter maintenant au nom de Jésus.*
29. *Que la paix de Jésus-Christ règne dans nos maisons.*
30. *Je me dresse contre tout esprit d'inceste, de polygamie, les esprits familiers et la polyandrie.*
31. *Que le sang de Jésus-Christ couvre nos maisons jour et nuit.*
32. *Que l'esprit d'amour, de joie, de compréhension, d'unité, de paix, etc. règne dans nos maison.*

17-18ème JOURS : LA PERCEE FINANCIÈRE

Lisez : *Malachie 3:8-12, Deutéronome 28:1-14, 2 Cor. 9:6-11*

« L'Eternel ordonnera à la bénédiction d'être avec toi dans tes greniers et dans toutes tes entreprises. Il te bénira dans le pays que l'Eternel, ton Dieu, te donne. » (Deut. 28:8).

Après la création, Dieu bénit l'homme et la femme et prophétisa sur eux avant de les laisser dans le jardin. Il dit,

« Soyez féconds, multipliez, remplissez la terre, et l'assujettissez ; et dominez sur les poissons de la mer, sur les oiseaux du ciel, et sur tout animal qui se meut sur la terre » (Gen. 1:28).

La pauvreté et la précarité sont les conséquences de la chute de l'homme. Les êtres humains doivent travailler durement même pour avoir seulement de quoi manger. La pauvreté et la précarité sont la conséquence de la chute. En Christ Jésus, Dieu restaure ce que l'homme a perdu à cause du péché.

« Car vous connaissez la grâce de notre Seigneur Jésus-Christ, qui pour vous s'est fait pauvre, de riche qu'il était, afin que par sa pauvreté vous fussiez enrichis » (2 Corinthiens 8:9).

« Bien-aimé, je souhaite que tu prospères à tous égards et sois en bonne santé, comme prospère l'état de ton âme » (3 Jean 2).

Dieu veut que vous prospériez financièrement et matériellement de manière à avoir le pain quotidien et la semence pour l'œuvre du royaume.

DIEU S'ATTEND A CE QUE SES ENFANTS PROSPERENT FINANCIEREMENT

La question de la prospérité suscite beaucoup de débats dans le milieu chrétien aujourd'hui. Certains chrétiens croient que prêcher et enseigner la prospérité financière dans l'église est une approche charnelle. Le simple fait de prononcer le mot « prospérité » fait froid dans le dos de certaines personnes. Je crois qu'il est temps de tirer les choses au clair à la lumière de la Bible. Notez que c'est à nous de nous aligner sur la parole de Dieu et non le contraire. Que dit la Bible ?

Dieu les bénit

« Puis, Dieu les bénit et leur dit : Soyez féconds, multipliez, remplissez la terre, et l'assujettissez ; et

dominez sur les poissons de la mer, sur les oiseaux du ciel, et sur tout animal qui se meut sur la terre » (Gen. 1:28).

Apres avoir créé Adam et Eve, Dieu les renvoya sans aucune bénédiction. Il déclara sur eux des bénédictions qui nous montrent qu'Il s'attendait à ce qu'ils prospèrent.

Une observation minutieuse des Écritures indique clairement que Dieu veut que ses enfants se développent et prospèrent financièrement.

« Qu'ils aient de l'allégresse et de la joie, Ceux qui prennent plaisir à mon innocence, Et que sans cesse ils disent: Exalté soit l'Éternel, Qui veut la paix de son serviteur ! » (Ps. 35:27)

Il est absolument vrai que Moise, Abraham, Isaac, Joseph, Jacob, David, Salomon, Rebecca et bien d'autres, étaient très prospères. Dieu récompense les individus pour l'utilisation et la maximisation de leurs ressources avec une attitude de gratitude et de reconnaissance.

Il est écrit au chapitre 13 de Genèse qu'Abraham était

« très riche en bétail, en argent et en or, conformément à la promesse de Dieu (vs 2).

Jésus l'a enseigné

« Je vous le dis en vérité, il n'est personne qui, ayant quitté, à cause de moi et à cause de la bonne nouvelle, sa maison, ou ses frères, ou ses sœurs, ou sa mère, ou son père, ou ses enfants, ou ses terres, ne reçoive au centuple, présentement dans ce siècle-ci, des maisons, des frères, des sœurs, des mères, des enfants, et des terres, avec des persécutions aussi, et, dans le siècle à venir, la vie éternelle. » (Marc 10:29-30)

Dans ce passage Jésus a clairement indiqué que les héritiers du salut ont à la fois des avantages terrestres et célestes. C'est pourquoi il parle de « *présentement dans ce siècle-ci* » et « *dans le siècle à venir* ». Les bénédictions de ce siècle sont : De nouvelles relations, des champs, des maisons et des persécutions. La bénédiction à venir c'est la vie éternelle. Jésus s'attendait à ce que ses disciples prospèrent et il s'y attend encore aujourd'hui.

Les apôtres l'ont enseigné

« Bien-aimé, je souhaite que tu prospères à tous égards et sois en bonne santé, comme prospère l'état de ton âme » (3 Jn 2)

L'apôtre Jean ne se contente pas de prêcher, il prie de tout cœur que les croyants prospèrent spirituellement, financièrement et même du point de vue de la santé. Voici un résumé de l'Evangile.

« Car vous connaissez la grâce de notre Seigneur Jésus Christ, … notre Seigneur Jésus Christ, qui pour vous s'est fait pauvre, de riche qu'il était, afin que par sa pauvreté vous fussiez enrichis » (2 Cor. 8:9)

En principe quelque chose pour lequel un apôtre a prié doit être pris au sérieux par les ministres de l'Evangile d'aujourd'hui. (Oumarou Emmanuel)

LES CAUSES DES DIFFICULTES FINANCIERES

1. Le péché

« Celui qui cache ses transgressions ne prospère point, Mais celui qui les avoue et les délaisse obtient miséricorde. » (Prov. 28:13).

Une vie de péché constitue une très mauvaise fondation pour votre prospérité financière. Le péché fait de vous un ennemi de Dieu et ouvre également la porte au diable. Tout ce que les pécheurs appellent bénédiction est éphémère.

2. Le vol de la dîme

« Un homme trompe-t-il Dieu ? Car vous me trompez, Dans les dîmes et les offrandes. Vous êtes frappés par la malédiction, et vous me trompez, La nation tout entière ! » (Mal. 3:8)

3. La paresse

« La main des diligents dominera, mais la main lâche sera tributaire. » (Prov. 12:24).

La paresse est l'une des principales causes de difficultés financières. Les paresseux renvoient sans cesse au lendemain et n'arrêtent pas de rêvasser au lieu d'agir pour changer leur condition. La paresse et le sommeil sont des mauvais esprits que vous devez bannir de votre vie si vous voulez aboutir à quelque chose dans votre vie.

4. L'orgueil

« Quand vient l'orgueil, vient aussi l'ignominie; Mais la sagesse est avec les humbles. » (Prov. 11:2).

Les orgueilleux méprisent certains boulots qui peuvent pourtant leur permettre de subvenir à leurs besoins élémentaires. Ils prétextent qu'ils ne peuvent pas faire de « sots métiers ». Pourtant, il n'existe pas de sot métier mais de sottes gens. Peu importe d'où vous partez, assurez-vous que vous n'y passer pas toute votre carrière.

5. L'ignorance

« Mon people périt faute de connaissance.» (Osée 4:6).

Beaucoup de personnes sont pauvres simplement parce qu'elles ne savent pas qui elles sont, ce qu'elles ont, ce qu'elles sont capables de faire et ce qu'elles doivent éviter. Vous devez payer le prix pour acquérir les connaissances dont vous avez besoin pour vous hisser dans la vie. La prière n'est donc pas la seule clé qui va vous catapulter de la pauvreté à la prospérité spirituelle.

6. Les attaques sataniques

« Le voleur ne vient que pour dérober, égorger et détruire ; » (Jean 10:10)

Certaines personnes connaissent des difficultés financiers, pas parce qu'elles ne se sont pas données à fond, mais parce que le diable et les siens contrôlent toujours leurs finances. Si vous appartenez à cette catégorie de personnes, vous devez prier comme un lion en furie pour accéder à votre prospérité telle que Dieu l'a prévue.

COMMENT PASSER A UN NIVEAU FINANCIER SUPERIEUR

1. Acceptez Jésus-Christ comme votre Seigneur et Sauveur. (Gal. 3:13-14, 2 Cor. 9:6, Eph. 1:3).
2. Vivez une vie de justice. (Ps. 5:12, Ps. 115:13).
3. Obéissez à tous ses commandements. (De 28:1-14, Isa.1:19).

4. Donnez à Dieu le dixième (dîme) de tous vos revenus (Mal 3:8-12).
5. Honorez le Seigneur avec toutes les prémices de votre croissance. (Prov. 3:9-10).
6. Soyez agressivement généreux. (Prov. 11:24-25, Gen. 18:1-14).
7. Servez Dieu et votre prochain. (Gen. 18:1-14, Ps. 100:2).
8. Reconnaissez l'autorité parentale et spirituelle. (2 Chron. 20:20, Gen. 25:1-3, Mat. 10:40-41, Num. 6:27).
9. Recherchez Dieu par la prière. (Gen. 32:22-28, 1 Chron. 4:10).

Un témoignage :

Mon premier fils, âgé de onze ans, est allé travailler avec un frère de l'église pendant les dernières grandes vacances. A la fin de ses quatre jours de service, le frère lui a payé 5 000 francs. Lorsqu'il est revenu à la maison, je lui ai demandé ce qu'il comptait faire avec son premier salaire. Il m'a dit qu'il allait payer sa dime, épargner une partie, en donner une autre à sa mère et utiliser le reste pour certains de ses besoins. Tandis qu'il en parlait encore, le Saint-Esprit me mit cœur de lui enseigner comment honorer Dieu avec ses prémices. Je lui ai montré dans la Bible (Prov. 3:9-10) comment Dieu veut que nous l'honorions avec nos prémices et aussi les bénédictions qui en découlent. Je lui ai suggéré d'offrir toute la somme au Seigneur. Il a promis d'offrir la dîme à Dieu. Je lui ai dit qu'il recevrait plus de bénédictions s'il lui offrait tout le montant. Ses yeux commencèrent à larmoyer. Je le laissai seul. Sa petite sœur soutenait ce que je disais. Je lui dis que c'était bien mais que je m'attends à ce qu'elle offre aussi ses prémices à Dieu le moment venu. Après le culte dimanche matin, ma femme m'informa que notre fils avait mis tous les cinq mille franc dans une enveloppe et les avait offerts à Dieu comme prémices non sans verser des larmes. Sachez que ce même jour-là avant 19 heures, il reçut de l'argent de trois personnes pour un montant total de onze mille cinq cents francs. Il était très content et je ne doute pas qu'il ait appris la leçon de l'obéissance à Dieu. La veille, j'étais moi-même allé à l'église pour offrir mes propres prémices à Dieu. Pendant que je remettais encore mon enveloppe au serviteur de Dieu, quelqu'un est arrivé et m'a tendu une enveloppe.

Pendant que vous priez ces jours-ci pour votre situation financière, je voudrais que vous reconnaissiez les domaines dans lesquels vous avez manqué de faire la volonté de Dieu. Demandez-lui de vous pardonner. Engagez-vous dès aujourd'hui à obéir pleinement sa parole. Dieu abhorre l'obéissance partielle. Si vous jouez votre rôle, notre Dieu qui est fidèle dans ses alliances va vous mener à la prospérité.

« Tu as fait monter des hommes sur nos têtes ; Nous avons passé par le feu et par l'eau. Mais tu nous en as tirés pour nous donner l'abondance. » (Ps. 66:12).

L'onction que Dieu a relâchée sur ma vie a pour objectif de sortir son peuple de la misère pour l'établir dans son héritage divin. Vous ne serez pas délaissé.

SUJETS DE PRIERE

1. *Seigneur, je te remercie pour ce jour et pour mes moyens financiers.*
2. *J'utilise le sang de Jésus pour laver mes mains et le travail de mes mains.*
3. *Père, je te dédie et te consacre le travail de mes mains aujourd'hui.*
4. *Père, crée une demande accrue de mes aptitudes, talents, articles et services au nom de Jésus.*
5. *Seigneur, donne-moi l'esprit de faveur dans toutes mes affaires au nom de Jésus.*
6. *Toute richesse qui m'a été volée, je la reprends au nom de Jésus.*

7. *Que les cieux s'ouvrent sur mes finances maintenant.*
8. *Je commande aux esprits de pauvreté de libérer les portes de ma percée.*
9. *Tout effet négatif de mes ancêtres sur mes finances est révoqué par le sang de Jésus.*
10. *Tout mon héritage détourné par des tiers est récupéré aujourd'hui au nom de Jésus.*
11. *Que le feu du Saint-Esprit purge mes finances de toute marque négative.*
12. *Seigneur accorde-moi la grâce d'échapper à tous les pièges de Satan.*
13. *Je reçois l'onction pour des percées financières surnaturelles.*
14. *Je couvre mes finances avec le sang de Jésus.*
15. *Seigneur, remplis-moi avec l'esprit de sagesse pour gérer judicieusement tout ce que tu m'as donné.*
16. *Seigneur, ne permets pas que l'argent et le matériel contrôle mon cœur.*
17. *Seigneur Jésus-Christ, prends la première place dans ma vie à partir d'aujourd'hui et à jamais.*
18. *Seigneur, donne-moi la grâce d'utiliser tout ce que j'ai pour ta gloire et ta gloire seule.*

19. *Je déclare que je ne financerai jamais le royaume des ténèbres avec mon argent, consciemment ou inconsciemment.*
20. *Dieu d'Abraham, bénis-moi grandement et fais de moi une bénédiction pour cette génération.*
21. *Seigneur remplis-moi avec un esprit d'effort et d'intelligence qui fera de moi le meilleur dans mon secteur.*
22. *Cher Saint-Esprit, connecte-moi aux personnes qui possèdent les connaissances dont j'ai besoin pour progresser.*
23. *Seigneur, positionne-moi pour que je rayonne dans mon domaine au nom de Jésus.*
24. *Seigneur, délivre la richesse de notre nation des mains du méchant et transfère-la à ceux qui vont l'utiliser pour ta gloire.*
25. *Que l'huile de la prospérité oigne mes mains, mes pieds, mes yeux, ma bouche et ma tête au nom de Jésus.*

19ème JOUR : CIEL OUVERT

Lisez : *2 Chroniques 4:11-22, Luc 3:21-22, Ezéchiel 1:1-3*

« Tout le peuple se faisant baptiser, Jésus fut aussi baptisé ; et, pendant qu'il priait, le ciel s'ouvrit » (Luc 3:21)

Tout don parfait vient d'en haut (ciel), Jacques 1:17. Avez-vous déjà pensé à ce qui se produirait s'il cessait de pleuvoir pendant cinq ans ? Ce serait infernal. Dans Deutéronome 28:23-24, le Seigneur promet de sceller les cieux au-dessus de ceux qui lui désobéissent et de transformer leur pluie en poussière. Le résultat c'est des difficultés inédites. Beaucoup de personnes vivent sous des cieux fermés. Leurs efforts produisent peu ou pas de fruits. Je voudrais que vous compreniez ici que chaque domaine de votre vie comporte un ciel; votre vie spirituelle, vos finances, vos biens, votre carrière, etc. Ce qui vous arrive est déterminé par la condition de votre « ciel » et non forcément des efforts que vous déployez. C'est pour cela que maintenir les cieux ouverts est la chose la plus importante que vous devez faire. Dans 2 Chroniques 7:14, Dieu promet d'ouvrir les cieux si vous cherchez sa face.

Savez-vous que Jésus n'aurait jamais commencé un ministère public s'il n'avait pas sécurisé un ciel ouvert. Il avait fait deux choses : d'abord, il s'était fait baptiser. En s'identifiant aux pécheurs et en se faisant baptiser, bien que sachant qu'il n'avait aucun péché, il a accompli toute la justice et réjouit le cœur de Dieu. Après son baptême, il commença à prier en direction du ciel (Luc 3:21), puis les cieux s'ouvrit sur lui. Le Saint-Esprit descendit sur lui; il fut oint, Dieu parla et il fut conduit par le Saint-Esprit dans le désert. Depuis ce jour, Jésus faisait des choses exceptionnelles partout où il allait. Lorsque les cieux s'ouvrent sur vous, la faveur, l'onction et la puissance sont à vous.

Comme vous commencez à prier aujourd'hui, Dieu ouvrira les cieux sur votre vie. L'onction, l'orientation et le soutien divins seront garantis. Vous serez un sujet d'étonnement partout où vous irez.

SUJETS DE PRIERE

1. *Seigneur, merci pour cette journée.*
2. *Je te loue et t'adore pour tout ce que tu fais dans ma vie.*

3. *Seigneur, révèle-nous, à moi et à ma famille pourquoi nos cieux sont fermés.*
4. *Dieu de miséricorde et de compassion, souviens-toi aujourd'hui de moi et de ma famille.*
5. *Seigneur, lève-toi afin que les cieux s'ouvrent sur tous les domaines de ma vie et de ma famille.*
6. *Seigneur, ouvre les cieux sur l'Eglise et sur notre Nation et que des pluies de justice et de croissance se déversent sur nous.*
7. *Je lie les puissances des ténèbres qui apportent les ténèbres sur ma vie et sur notre église au nom de Jésus.*
8. *Je renverse toutes les forteresses qui oppressent ma vie et notre Nation.*
9. *Je commande aux voiles des ténèbres et de bronze qui bloquent nos cieux de se briser en morceaux.*
10. *Je commande à tous les nuages sombres qui nous recouvrent de se dissiper au nom de Jésus.*
11. *Seigneur, envoie la pluie et la lumière sur ma vie, ma famille, mon église et ma nation.*
12. *Je reçois une onction nouvelle pour une percée divine.*
13. *Seigneur, parle-nous à nouveau ces jours-ci.*
14. *Seigneur, guéris notre pays de toute malédiction.*

20ème JOUR : LA PROSPERITE DE VOTRE VILLE OU VOTRE VILLAGE

Lisez : *1 Timothée 2: 1-5, Actes 4:12, Romains 13:1-14*

« Recherchez le bien de la ville où je vous ai menés en captivité, et priez l'Éternel en sa faveur, parce que votre bonheur dépend du sien. » (Jérémie 29:7)

La prospérité et la paix ne relèvent pas du hasard, mais du dur labeur. Ce dur labeur est valable aussi bien sur le plan spirituel que sur le plan physique. Nous devons donc ardemment prier pour nos dirigeants et nos villes. Nous devons suivre ce qui se passe autour de nous et prendre le temps de prier. Alors que les intercesseurs appelés devraient investir pour prier dans ce sens. Vous, en tant que chrétien, devrez aussi être conscient de votre responsabilité de prier pour vos dirigeants et votre ville. Vous associer aux non chrétiens pour vous plaindre alors que nous avons la puissance capable d'apporter le changement aggraverait la situation. Je sais qu'il est plus facile de se plaindre que de prier, du fait des choses que nous observons autour de nous au quotidien.

Votre prospérité est déterminée par la prospérité de votre ville ou de votre village. Si votre ville ou village prospère, vous aussi vous prospérerez mais si votre localité est maudite, vous travaillerez en vain. Malheureusement, nos villes ont des problèmes de mauvaises fondations. Cherchez à connaitre la signification du nom de votre ville ou village et vous comprendrez que certains noms révèlent le type de principautés qui contrôlent la localité. Certaines de ces localités avaient été dédiées à des esprits démoniques par leurs fondateurs. Certaines des calamités qui sévissent dans votre ville ou village sont liées à ces alliances maléfiques. Alors que vous vous levez dans la prière, que Dieu vous accorde la direction divine afin que vous contribuiez positivement à chasser les ténèbres de votre ville ou village. Ne vous sous-estimez pas, ne vous découragez pas. Tout acte positif que vous posez sur le plan spirituel aura un impact sur votre ville ou village. Si une personne est sauvée, il y a abandon du péché par une personne. Aujourd'hui, par mon labeur, vous recevez la lumière à la lecture de ce livre. Si j'étais resté silencieux lorsque Dieu m'a ordonné d'écrire, ce livre n'existerait pas. Levez-vous et agissez pour l'avancement du royaume. Et le meilleur que vous puissiez faire c'est de prier sincèrement pour une intervention divine.

SUJETS DE PRIERE

1. *Seigneur, merci pour cette journée; et merci pour tout ce que tu as fais jusqu'ici.*
2. *O Seigneur, pardonne les habitants de ma ville de s'être détournés du vrai Dieu pour se tourner vers des idoles.*
3. *Pardonne aux habitants de ma ville toutes les mauvaises choses qu'ils font au quotidien (identifiez-les).*
4. *O Seigneur, fais-nous miséricorde même si nous méritons la destruction au nom de Jésus.*
5. *O Seigneur, sauve les habitants de cette ville.*
6. *O Dieu, donne-nous cette ville… au nom de Jésus (Ps. 8:2).*
7. *Que le Saint Esprit remplisse les habitants de cette ville, qu'ils soient convaincus du péché.*
8. *Que Dieu se lève et que les portes du péché (tradition, immoralité, religion, occultisme, sorcellerie etc.) soient brisées au nom de Jésus.*
9. *Portes...levez vos linteaux que le Roi de gloire fasse son entrée avec le salut (Ps.24).*

10. *Nous lions les puissances de ténèbres qui maintiennent les gens dans l'incrédulité et les empêchent de croire en Jésus-Christ.*
11. *Que la lumière de l'Evangile brille dans chaque cœur (2 Cor. 4:4).*
12. *Nous libérons les habitants de notre ville des liens de « mon église ».*
13. *Que les riches soient frustrés et se rendent compte qu'ils ne sont rien sans Dieu.*
14. *O Seigneur, que ceux qui prêchent le fasse dans la puissance du Saint Esprit.*
15. *Purge les chaires des histoires et de l'orgueil.*
16. *O Seigneur, soutiens la prédication de signes et de prodiges afin que les gens croient en ton fils Jésus.*
17. *O Seigneur, que ceux qui croient en Jésus persévèrent dans la foi.*
18. *O Seigneur, lève un étendard contre les fausses religions et les faux prophètes qui détournent ton peuple.*
19. *O Seigneur, que les cœurs des pasteurs et des chrétiens de diverses dénominations de ma ville soient unis.*
20. *Seigneur, envoie un puissant réveil du Saint-Esprit dans notre ville au nom de Jésus.*
21. *Seigneur, fais prospérer ton église dans ma ville.*

22. *Protège tous tes serviteurs et leurs familles dans ma ville.*
23. *Que ton église trouve faveur aux yeux des autorités de ma ville.*
24. *Seigneur, accorde la grâce d'une croissance significative de l'église dans ma ville.*

21-22ème JOURS : LE REVEIL SPIRITUEL DANS L'EGLISE

Lisez : *Actes 4, Actes 19:1-22*

« Et moi, je te dis que tu es Pierre, et que sur cette pierre je bâtirai mon Eglise, et que les portes du séjour des morts ne prévaudront point contre elle. » (Matthieu 16:18)

Le véritable réveil spirituel c'est Dieu révélant à son peuple, sa sainteté, sa miséricorde et sa puissance.

Comme l'affirme Peter C. Wagner, *« le réveil spirituel authentique est le résultat d'un réel déversement du Saint Esprit dans la vie de ceux qui ont été régénérés par Lui, grâce à leur foi en Christ le Seigneur »*. Lorsque l'église primitive cherchait Dieu, il leur révélait sa présence et leurs besoins aussi bien spirituels que physiques étaient satisfaits. Nous avons terriblement besoin de Dieu dans nos églises aujourd'hui. L'église enregistre une croissance significative en nombre mais elle évolue très peu en termes de profondeur. Des gens pèchent et ont néanmoins l'audace de rendre ministère au peuple de Dieu. Il y a des prédicateurs qui déclarent qu'ils n'ont pas été appelés à prêcher sur le péché mais plutôt sur la prospérité. Le monde devient religieux, tandis que l'église se laisse de plus en plus envahir par le monde. Il y a de l'espoir, Dieu enverra le réveil en réponse à nos ferventes prières.

Nous devons donc nous engager à prier, à prêcher et à vivre l'Évangile. Votre récompense dans les cieux dépendra de votre contribution à l'avancement du royaume de Dieu. Le royaume de Dieu ici ne renvoie pas d'abord aux quatre murs de l'église, mais à la vie des hommes transformés à l'image de Christ. La question est « combien d'âmes avez-vous apportées au Seigneur depuis que vous êtes né de nouveau ? Combien de toutes vos richesses avez-vous déjà transféré sur votre compte céleste en soutenant l'Evangile ? Comment est votre vie chrétienne ? Jusqu'où êtes-vous enraciné dans les Saintes Ecritures ? » Aujourd'hui, je vous mets au défi d'être un véritable chrétien, en gardant à l'esprit qu'il ne s'agit pas de votre dénomination, mais de Christ.

SUJETS DE PRIERE

1. *Ô Dieu, crée un esprit d'humilité et de brisement parmi les croyants (Esaïe 57:15 ; Jacques 4:6).*

2. *Ô Dieu, accorde à tous les croyants d'être conscients, d'avoir une compréhension plus profonde de ta sainteté (Esaïe 6:1-5 ; 1 Pierre 15-16).*
3. *Ô Dieu, révèle aux croyants la profondeur et la méchanceté de leurs péchés au nom de Jésus.*
4. *Ô Saint Esprit, agis parmi les croyants et amène-les à se confesser et à se repentir de leurs péchés (Psaume 19:12-14 ; 1 Jean 1:9).*
5. *Ô Dieu, donne aux croyants d'avoir faim de ta parole et d'être prêts à t'obéir au nom de Jésus (Psaume 119:97, 103, 1 Jean 2:3-6).*
6. *Cher Saint-Esprit, suscite en chaque croyant le désir de sonder et de connaître la Parole de Dieu.*
7. *Précieux Saint-Esprit, ôte toute négligence de la Parole de Dieu dans les cœurs de tous les croyants.*
8. *Ô Seigneur, que chaque croyant mette ta Parole en pratique et ne se contente pas simplement de l'écouter (Jacques 1:22-24).*
9. *Seigneur, révèle tout ce qui ne t'est pas agréable dans notre église au nom de Jésus. (Psaumes 139:23).*
10. *Ô Seigneur, règle toutes ces questions.*

11. Seigneur, ôte tout ce qui empêche l'église d'expérimenter un véritable mouvement du Saint-Esprit par le réveil au nom de Jésus.

12. *Ô Dieu, interviens contre le manque de pardon et l'amertume parmi les croyants de l'église qui attristent le Saint-Esprit dans l'Eglise (Ephésiens 4:30-32).*
13. *Ô Dieu, convaincs les croyants qu'ils doivent rendre compte de leur vie à Jésus-Christ lors du jugement (2 Corinthiens 5:9-10).*
14. *Ô Seigneur, remplis les membres de l'église d'un désir ardent de prier et de partager la bonne nouvelle avec les âmes perdues (Matthieu 28:18-20 ; 2 Corinthiens 5:10 ; Romains 9:1-3).*
15. *Ô Dieu, donne aux croyants un amour plus profond pour le Seigneur Jésus-Christ (1 Jean 4:1-3).*
16. *Lève-toi Seigneur, que les ennemis de l'église soient dispersés par le feu au nom de Jésus.*
17. *Que tout réseau de Satan contre l'église soit détruit au nom de Jésus.*
18. *Dieu miséricordieux, libère les anges de bonté et de miséricorde afin qu'ils défendent l'église de jour comme de nuit.*
19. *Ô Seigneur, établis et fais prospérer chaque fidèle dans l'intégrité au nom de Jésus.*
20. *Restaure le zèle pour les âmes dans l'église au nom de Jésus.*

21. *Seigneur, envoie le réveil parmi les baptistes, les pentecôtistes, les presbytériens, les musulmans, les catholiques et toutes les religions dans notre pays.*

23-24ème JOURS : LE REVEIL AU CAMEROUN

Lisez : *Osée 10:12-13, Esaïe 62:1-5, Psaumes 64:1-5*

« Oh, si tu déchirais les cieux, et si tu descendais, les montagnes s'ébranleraient devant toi » (Esaïe 64:1)

Un nombre de croyants qui connaissent le programme prophétique de Dieu pour le Cameroun savent que le réveil spirituel est attendu au Cameroun. Lisez mon livre, « *Your Time for Divine Expansion : A prophetic Message to the Church in Cameroun » « Votre temps d'expansion divine : un message prophétique pour l'Eglise du Cameroun* ».

Dans les années soixante-dix, un homme de Dieu du nom de Steve Lightle, originaire de Braunschweig en Allemagne, a visité le Cameroun. Il est venu parce que lors d'une réunion de prière avec un groupe de croyants, ils ont eu une vision. La carte de l'Afrique brillait. La source de cet éclat était au Cameroun. Beaucoup d'autres prophéties captivantes montrent de toute évidence que Dieu a un plan pour notre pays. Ce grand réveil qui va secouer le Cameroun pour s'étendre à d'autres nations viendra au travers d'un travail laborieux dans la prière. Nous devons nous sanctifier et commencer à chercher Dieu. Le fardeau de jeûner pendant 30 jours chaque année est né de cette vision du réveil à venir au Cameroun. J'ai confiance en Dieu pour ce qui est de la matérialisation de ce grand réveil. Je voudrais que vous consacriez votre vie à Dieu afin qu'il vous prépare à devenir un instrument de ce réveil en vue.

SUJETS DE PRIERE

1. *Seigneur, merci pour cette journée. Merci pour notre nation bienaimée, le Cameroun. (Prenez du temps et adorez Dieu pour tout ce qu'il a investi au Cameroun et pour ce qu'il fait dans ce pays).*
2. *Suppliez Dieu de pardonner le Cameroun pour les péchés de corruption, de rejet de l'Évangile, d'homosexualité, de lesbianisme, d'occultisme, de sorcellerie, d'adoration d'idoles, de traditions maléfiques, de sacrifices humains, de prostitution, de criminalité, de tribalisme, d'excès de confiance en soi, d'ivrognerie, de meurtre, etc.*
3. *Demandez à Dieu de purifier le pays par le sang de Jésus.*

4. *Dénoncez toute alliance satanique que nos dirigeants auraient conclue avec des sectes occultes.*
5. *Demandez au sang de Jésus de parler en faveur du Cameroun, annulant toute prétention de Satan sur nous.*
6. *Ô Seigneur, relâche le feu du jugement contre toutes les forces des ténèbres qui oppriment notre leadership.*
7. *Ô Seigneur, étends ta main contre les puissances démoniaques qui oppriment notre économie.*
8. *Seigneur, libère l'esprit de conviction sur le Cameroun.*
9. *Que les portes des prisons du péché s'ouvrent au nom de Jésus.*
10. *Ô Seigneur, déverse à nouveau ton Esprit sur l'Eglise au Cameroun.*
11. *Ô Seigneur, pardonne l'église du Cameroun pour son indifférence.*
12. *Seigneur, pardonne le mal et la méchanceté qui sévissent dans les églises et freine le changement des non-croyants.*
13. *Ô Seigneur, répand l'Esprit de prière agressive sur tous les chrétiens de chaque dénomination.*
14. *Seigneur, répand l'Esprit d'intégrité et de la crainte de Dieu sur tous les chrétiens.*

15. *Ô Seigneur, sanctifie les églises.*
16. *Qu'il y ait une croissance spirituelle rapide dans votre église au Cameroun au nom de Jésus.*
17. *Ô Seigneur, que l'Église croisse en nombre au nom de Jésus.*
18. *Ô Seigneur, restaure l'unité dans les églises au nom de Jésus.*
19. *Seigneur, que les chrétiens de différentes confessions soient unis.*
20. *Ô Seigneur, libère une puissante onction pour des signes et des prodiges dans les églises au nom de Jésus.*
21. *Nous brisons tout voile de religion sur le peuple au nom de Jésus.*
22. *Seigneur, envoie le réveil parmi les catholiques, les musulmans, les témoins de Jéhovah etc.*
23. *Ô Seigneur, accorde la grâce de la prospérité financière dans les églises au Cameroun.*
24. *Ô Seigneur, que les églises ne soient pas distraites du mandat de l'Église, à savoir les missions.*
25. *Lève-toi O Seigneur, que les forces des ténèbres dressées contre l'église au Cameroun soient dispersées dans le nom de Jésus.*
26. *Nous terrassons tout pouvoir occulte invoqué contre l'Église au nom de Jésus.*

27. *Nous commandons des cieux ouverts sur l'église au Cameroun au nom de Jésus.*

25ème JOUR : VAINCRE LES PROBLEMES PERSISTANTS

Lisez : *Matthieu 17:14-21, Psaumes 2:9, Abdias 1:3-4, Psaumes 109, 17:29*

« Il répondit : toute plante que n'a pas plantée mon Père céleste sera déracinée » (Matthieu 15:13)

Parfois, certains problèmes persistent. Vous pourriez avoir tout fait sur le plan médical et spirituel pour changer la situation mais en vain. Je voudrais que vous sachiez que ce n'est pas encore la fin. Il vous faut persévérer. Vous devez associer le jeûne à vos prières. Seuls ceux qui persévèrent jusqu'à la fin verront la victoire.

Pourquoi certains problèmes persistent-ils ? Assez souvent, le problème n'est pas le problème en lui-même, mais la personne confrontée au problème.

POURQUOI CERTAINS PROBLÈMES PERSISTENT-ILS ?

1. L'ignorance de la racine du problème.

2. L'ignorance de la solution à ce type de problème.
3. L'ignorance de la façon d'appliquer la solution pour parvenir aux résultats attendus.
4. La paresse ou la négligence d'appliquer la solution.
5. La peur de payer le prix pour obtenir une percée.
6. Capacités spirituelle et financière limitées pour gérer le problème.
7. Le refus d'abandonner vos péchés.
8. Le refus de procéder à la restitution.
9. La peur de jeûner et de prier.
10. La peur du diable.
11. Le manque de foi en Dieu.

DIFFÉRENTES ÉTAPES DANS LA GESTION DES PROBLÈMES PERSISTANTS

1. Croyez que Dieu a une solution à ce problème.
2. Cherchez à connaître les causes profondes du problème à travers la prière, le jeûne et la recherche.
3. Cherchez à savoir comment d'autres personnes qui avaient ce problème l'ont géré.
4. Priez avec plus d'ardeur et en y associant le jeûne.
5. Rencontrez des serviteurs de Dieu oints qui peuvent gérer de tels cas.

6. Demandez à Dieu de vous révéler ce que vous devez faire.
7. Refusez d'abandonner jusqu'à ce que vous voyiez votre percée.

SUJETS DE PRIERE

1. *Seigneur, merci pour cette journée et pour tout ce que tu as fait dans ma vie.*
2. *Je t'adore Seigneur, parce que tu sais tout et tu connais les causes profondes de tous les problèmes humains.*
3. *Ô Seigneur, révèle le secret qui se cache derrière ce problème au nom de Jésus.*
4. *Seigneur, montre-moi comment traiter ce problème au nom de Jésus.*
5. *Ô Seigneur, fortifie mon cœur afin que je ne cède pas à cette situation au nom de Jésus.*
6. *Je déclare que ma foi ne sera pas détruite par ce problème au nom de Jésus.*
7. *Père céleste, que je te connaisse davantage au travers de cette situation.*
8. *Je commande à l'ennemi qui se cache derrière ce problème d'être désarmé au nom de Jésus.*
9. *Que chaque accusation contre moi soit effacée aujourd'hui par le sang de Jésus-Christ.*

10. *Que la hache du jugement divin abatte tout arbre maléfique lié à ce problème.*
11. *Je maudis ce problème, qu'il meure au nom de Jésus.*
12. *Je reçois la liberté totale de ce problème au nom de Jésus.*
13. *Seigneur, si la solution à mon problème est avec un homme, envoie cet homme vers moi aujourd'hui. Si c'est avec un ange, libère cet ange maintenant au nom de Jésus.*
14. *Je déclare que ce mois-ci marque la fin de ce problème dans ma vie au nom de Jésus.*
15. *Seigneur, délivre-moi par ta miséricorde.*
16. *Priez pour d'autres chrétiens et membres de votre famille qui font face à des problèmes persistants.*
17. *Seigneur, que ce problème glorifie ton nom et ne soit pas un sujet de disgrâce et de honte.*

26ème JOUR : ASSAINISSEMENT DIVIN

Lisez : *Exode 23:20-26*

« Que le Dieu de paix vous sanctifie lui-même tout entier, et que tout votre être, l'esprit, l'âme, et le corps, soit conservé irrépréhensible, lors de l'avènement de notre Seigneur Jésus-Christ. »
(1 Thessaloniciens 5:23)

Votre impact sur la plate-forme de la vie est déterminé par votre santé physique et spirituelle.

L'homme en tant qu'être tripartite, est fait d'un corps, d'une âme et d'un esprit. Votre état de santé est tributaire de l'état de ces trois composantes. Il y a des gens qui sont en très bonne santé physique, mais sont gravement malades du point de vue spirituel. Aujourd'hui, le Seigneur va procéder à un assainissement divin de votre corps, âme et esprit. Il y aura une transmission à trois dimensions de la vie divine. Vous serez ainsi fort aussi bien intérieurement qu'extérieurement. Toute personne en bonne santé physique et spirituelle est un grand atout pour notre génération.

LES DIMENSIONS DE LA CONTAMINATION

1. **Le corps :** Le corps est contaminé lorsque nous mangeons et buvons ce qui n'est pas accepté par l'ordre divin. Beaucoup de gens sont malades à cause de ce qu'ils consomment. Vous devez donc vous résoudre à arrêter de manger et de boire tout ce qui est médicalement et bibliquement interdit si vous voulez avoir un corps propre et sain. Le jeûne est l'une des méthodes de désintoxication du corps humain. Si vous êtes rempli du Saint-Esprit, mais ne traitez pas votre corps avec attention, vous serez malade.

2. **L'âme :** Le type d'information que vous recevez peut vous souiller ou vous sanctifier. Bon nombre de personnes sont devenues esclaves de leurs désirs coupables, parce qu'ils écoutent de la musique polluée, lisent des revues perverses et passent du temps à causer avec les ennemis de la sainteté. Avec la prolifération de l'Internet et de gadgets électroniques, la pornographie est devenue très courante chez les jeunes et les adultes. Certaines personnes sont devenues esclaves de l'immoralité. Aujourd'hui, Dieu veut vous désinfecter.

3. **L'esprit :** Dans la Bible, l'esprit et le cœur sont utilisés de façon interchangeable. Cela signifie que votre esprit est la partie la plus intime de votre être. Il représente le siège du Saint-Esprit dans votre vie. Votre esprit est soit sanctifié, soit souillé par le type de doctrines auquel vous croyez. De faux enseignements contaminent votre esprit et vous détournent de Dieu.

LES ÉTAPES DE L'ASSAINISSEMENT DIVIN

1. Repentez-vous. Demandez à Dieu de vous pardonner pour avoir souillé votre corps, votre âme et votre esprit.
2. Renoncez. Rejetez à partir d'aujourd'hui, tout ce que vous aviez l'habitude de manger et de boire et qui est nuisible pour votre corps. (L'alcool, le tabac, etc.)
3. Consacrez-vous. Remettez entièrement votre vie à Dieu. Engagez-vous à ne pas vous souiller à nouveau.
4. Détruisez. Brûlez tous les documents pornographiques et tout ce qui vous souillait.
5. Priez. Priez avec ferveur pour l'assainissement divin.

LES INSTRUMENTS DE L'ASSAINISSEMENT DIVIN

1. Le sang de Jésus-Christ (Apoc 1:5, Héb. 9:14, 1 Jean 1:7).
2. Le feu du Saint-Esprit (Esa. 4:2-6, Mal. 3:3).
3. La parole de Dieu (Jean 15:3, 1 Pi.1:18-19, Eph. 5:26).

Vous devez en permanence utiliser ces trois armes pour que votre vie soit purifiée. Avant que je ne donne ma vie à Jésus-Christ, j'étais accro de la littérature pornographique. En tant que jeune chrétien j'avais le grand défi de garder mon esprit pur. Assez souvent, des pensées immorales terribles envahissaient mes pensées. Lorsque ces pensées survenaient, je commençais à plaider le sang de Jésus ou je me mettais à chanter. Et par la persévérance, Dieu m'a accordé une percée. Je passais aussi beaucoup de temps à lire ma Bible. En deux mois, j'avais lu tout le Nouveau Testament et quelques chapitres des Psaumes.

SUJETS DE PRIERE

1. *Seigneur, merci pour cette journée et pour ta faveur sur ma vie.*
2. *Seigneur, je t'adore pour l'onction d'une vie chrétienne incessante qui descend sur moi ce mois-ci.*

3. *Seigneur, pardonne-moi de tout péché d'amertume, de murmure, du découragement, de comparaison, de paresse, de l'amour du monde, de convoitise, des pensés mauvaises, des mauvais désirs, d'orgueil, de gourmandise, et de tout ce que j'ai fait, vu et dit qui a contaminé mon esprit.*
4. *Seigneur, lave mon corps, âme et esprit avec le Sang de Jésus and purge-moi avec le feu du Saint-Esprit.*
5. *J'ordonne à tout joug de péché sur ma vie d'être brisé maintenant au nom de Jésus.*
6. *J'ordonne à tout mauvais esprit de péché assigné contre ma vie pour me limiter de me quitter maintenant au nom de Jésus.*
7. *Je jette tout poids et fardeau satanique posé sur mes épaules qui m'empêche d'avancer spirituellement.*
8. *Seigneur, purge-moi de toute forme de contamination et souillure.*
9. *Seigneur, purge-moi de toute souillure par la mauvaise littérature et la musique satanique.*
10. *Seigneur, purge-moi de toute souillure par toute activité mauvaise.*
11. *Seigneur, purge-moi de toute souillure par la nourriture et la boisson contaminée.*

12. *J'ordonne à toute maladie dans mon corps de recevoir le feu.*
13. *Seigneur, purifie-moi complètement aujourd'hui.*
14. *Ô Seigneur, que ton manteau de feu nouveau pour une vie chrétienne incessante tombe sur moi maintenant.*
15. *Mon Père céleste, lève-toi et que les ennemis de mon âme se dispersent aujourd'hui par le feu.*
16. *J'ordonne à toute montagne sur mon chemin de se disperser depuis le sommet, au nom de Jésus.*
17. *Je lie tout dérobeur, dévoreur, et assassin spirituel assigné pour écraser ma vie ce mois-ci au nom de Jésus.*
18. *J'ordonne à tout mauvais vent relâché contre moi ce mois-ci de mourir au nom de Jésus.*

27ème JOUR : VICTOIRE SUR LES MAUVAIS RÊVES

Lisez : *Daniel 4:4-36, Gen. 40:1-22, Matt 2:13-15, 19-23, Psaumes 121, Proverbes 3:24*

« Toute arme forgée contre toi sera sans effet; et toute langue qui s'élèvera en justice contre toi, tu la condamneras. Tel est l'héritage des serviteurs de L'ETERNEL, tel est le salut qui leur viendra de moi, dit L'ETERNEL. » (Esaïe 54:17)

Avez -vous jamais fait un rêve qui vous a fait trembler comme Nebucadnetsar ? Est-ce qu'un de vos rêves s'est déjà littéralement traduit dans la réalité ? Comment vous êtes-vous senti ? Vos rêves sont l'un des moyens utilisés par Dieu pour vous parler. La Bible et les expériences quotidiennes regorgent de grands témoignages sur comment Dieu dirige ses enfants au moyen des rêves. De ce fait, les rêves ne doivent pas être négligés. Il existe de bons et de mauvais rêves. Les bons rêves sont ceux dans lesquels Dieu vous donne des directives. Ces bons rêves viennent de Dieu. Les mauvais rêves sont ceux qui détournent ou attaquent votre destinée divine.

Certaines personnes ne rêvent pas du tout et d'autres négligent les rêves qu'elles reçoivent de Dieu. Ce n'est pas une bonne chose si vous ne rêvez pas, car vous ratez ainsi une dimension très importante de votre vie. Celui qui ne rêve pas peut être comparé à un téléviseur qui a perdu l'une de ses chaines les plus importantes. Si vous vous trouvez dans cette catégorie, vous devez prier avec ferveur pour une intervention divine. Demandez à Dieu de restaurer en vous cette capacité divine à recevoir des instructions de lui pour vous permettre de réaliser votre destinée. Si vous pouvez bien interpréter vos rêves et obéir aux instructions que Dieu vous donne par les rêves, votre vie sera pleine de grands témoignages.

QUELLES SONT LES SOURCES DE VOS RÊVES ?

1. **Les rêves venant de Dieu.** Nous pouvons les appeler des visions ou des révélations.

   « Dieu parle cependant, tantôt d'une manière, tantôt d'une autre, et l'on n'y prend point garde. Il parle par des songes, par des visions nocturnes, quand les hommes sont livrés à un profond sommeil, quand ils sont endormis sur leur

couche. Alors il leur donne des avertissements et met le sceau à ses instructions. » (Job 33:14-16).

« Et il dit : écoutez bien mes paroles ! Lorsqu'il y aura parmi vous un prophète, c'est dans une vision que moi, l'Eternel, je me révélerai à lui, c'est dans un songe que je lui parlerai. » (Nombres 12:6)

Cette catégorie de rêves a toujours un objectif : révéler ce que Dieu est sur le point de faire, avertir la personne qui rêve, inviter la personne qui rêve à intercéder par rapport à une situation, corriger la personne, exposer les plans diaboliques de Satan, utiliser celui qui rêve pour avertir les autres, donner des réponses aux prières déjà faites, faire connaître sa volonté concernant une situation et révéler l'avenir.

Au nombre des exemples bibliques nous pouvons citer : Abimélec, qui avait été avisé de rendre la femme d'Abraham qu'il avait prise (Gen.20:1-19) ; Jacob, qui avait reçu de Dieu dans un rêve l'ordre de quitter Laban et de retourner à la terre promise (Gén. 31:11-13) ; Laban, qui avait été averti en songe de ne rien dire ni en bien ni en mal à Jacob (Gén.31:22-29) ; Joseph, qui avait été averti à plusieurs reprises dans des rêves au sujet du plan du malin concernant Jésus.

2. Les rêves venant du diable

« Je me couche, et je dis : quand me lèverai-je ? Quand finira la nuit ? Et je suis rassasié d'agitations jusqu'au point du jour. » (Job 7:3).

« Et cela n'est pas étonnant, Puisque Satan luimême se déguise en ange de lumière. » (2 Cor. 11:14).

Les rêves qui viennent du diable ne sont jamais pour votre bien. Ils peuvent ressembler à des rêves qui viennent de Dieu, mais si vous les examinez attentivement, vous vous rendrez compte qu'ils ne sont pas de lui. Rappelez-vous que rien de bon ne peut venir du diable. Même si de tels rêves venaient à se réaliser, il ne faut jamais les suivre. C'est la raison pour laquelle vous devez faire attention à l'interprétation de vos rêves. Tout rêve qui vous demande de compromettre la parole écrite de Dieu, même le moindre est de Satan. Par exemple, un rêve vous demandant de rester à la maison seul et de ne pas rejoindre vos frères chrétiens pour des moments de communion vient du diable, car il contredit Hébreux 10:25. Faites attention !

Le but des rêves sataniques est d'attaquer votre vie spirituelle, tuer votre foi et semer la peur dans votre cœur, briser votre haie de protection spirituelle, vous infliger des maladies, vous tromper, créer la confusion entre amis ou membres de famille, vous asservir, voler, tuer et détruire votre destinée et détourner les cœurs des gens de Dieu (Deut. 13:1-5).

3. Les rêves venant de l'homme (vous-mêmes)

a. **Multitude d'activités.** Assez souvent, vos activités quotidiennes se manifestent dans vos rêves. Un accident que vous avez vu ou les choses dont vous avez parlé pendant la journée peuvent vous revenir dans des rêves. Il ne faut pas prendre de tels rêves au sérieux.

« Car si les songes naissent de la multitude d'occupations, la voix de l'insensé se fait entendre dans la multitude des paroles...C'est pourquoi, crains Dieu. » (Eccl. 5:3,7)

b. **Les problèmes de la vie.**Il est possible de faire un rêve concernant les choses qui vous troublent. L'anxiété peut faire en sorte que quelqu'un qui a faim, se voit en train de manger.

« Comme celui qui a faim rêve qu'il mange, puis s'éveille, l'estomac vide, et comme celui qui a soif rêve qu'il boit, puis s'éveille, épuisé et languissant ; ainsi en sera-t-il de la multitude de ses nations qui viendront attaquer la montagne de Sion. » (Esaïe 29:8).

C'est pourquoi j'enseigne que ce n'est pas toujours correct d'accuser le diable lorsque vous êtes à jeûne et que vous rêvez que vous êtes à table. Dans ces cas, il ne faut pas toujours croire que vous êtes attaqué. Parfois, c'est l'accomplissement de ce verset.

Un cœur troublé, la peur, la convoitise, la maladie (paludisme), l'échec, l'excès d'ambitions sont certaines des choses qui peuvent affecter vos rêves. La plupart des malades du SIDA qui sont venus me voir pour des conseils m'ont dit qu'ils voient des cercueils et des morts dans leurs rêves. Pourquoi est-ce ainsi ? L'une des principales raisons est qu'ils ont peur de la mort. Parce qu'ils sont psychologiquement vaincus, leurs rêves en sont affectés. Vous ne pouvez pas séparer vos rêves de vos expériences et de vos pensées quotidiennes.

c. **La manipulation spirituelle.** Les sorciers, les magiciens et les occultistes peuvent essayer de vous manipuler par vos rêves. Un certain nombre de personnes à qui nous avons rendu un ministère de délivrance ont confessé qu'elles attaquaient souvent leurs victimes avec des visages des proches de la victime. Ce qui fait que beaucoup de personnes innocentes ont été accusées de sorcellerie. Il ne faut donc pas toujours conclure que la personne que vous avez vue dans votre rêve est bien la personne que vous connaissez.

COMMENT BRISER LE POUVOIR DES MAUVAIS RÊVES

1. **Bien interpréter les rêves.** Lorsque Nebucadnetsar a eu son rêve, il a appelé les astrologues pour qu'ils l'interprètent. Quand ils ont essayé de le faire, il s'est rendu compte qu'ils en étaient incapables (Dan. 4:7). N'allez jamais chez les marabouts, les impies, les rétrogrades, les diseurs de bonne aventure, les faux prophètes et les occultistes pour l'interprétation de vos rêves. Rendez-vous toujours chez des serviteurs de Dieu. Et même lorsqu'ils vous donnent une interprétation, vérifiez-la à la lumière de la Bible. Si ce n'est pas en accord avec la Bible, rejetez-la.

   Les informations ci-après doivent être fournies par l'interprétation :

   a. *La source.* Le rêve vient-il de Dieu, de satan ou de vos pensées ?

   b. *Qui en est le destinataire ?* Vous ou quelqu'un d'autre ?

c. *Quel en est l'objectif ?* Une orientation, un avertissement, une confirmation, un enseignement, etc.

d. *Que devez-vous faire ?* Agir immédiatement.

2. **Priez avec ferveur.** Après avoir reçu la bonne interprétation, priez avec ferveur. Certains rêves ne peuvent pas être changés, particulièrement quand ils visent tout simplement à vous informer. Les autres prophètes savaient qu'Elie devait être enlevé mais ils ne pouvaient changer la situation même pas par la prière. (2 Rois). Il existe aussi des situations qui peuvent être changées si nous nous repentons et prions avec ferveur. Lorsque Daniel a interprété le rêve du roi, il lui a conseillé de se repentir afin que le rêve ne se réalise pas.

   « C'est pourquoi, ô roi, puisse mon conseil te plaire ! Mets un terme à tes péchés en pratiquant la justice, et à tes iniquités en usant de compassion envers les malheureux, et ton bonheur pourra se prolonger. » (Dan. 4:27)

   Vous devez également prier avec ferveur pour que les rêves que Dieu vous donne puissent s'accomplir. L'ennemi peut combattre l'accomplissement de ces rêves. N'abandonnez pas tant que ceux-ci ne s'accomplissent pas.

QUELQUES TYPES DE REVES ET LEURS INTERPRETATIONS POSSIBLES

1. Boire de l'eau sale (l'ennemi voudrait empoisonner votre vie spirituelle et éteindre votre flamme)
2. Se noyer tout en criant au secours (l'ennemi a prévu de vous créer des problèmes)
3. Les obstacles obstruant votre chemin (l'ennemi essaye de bloquer votre évolution)
4. Manger toujours de la viande ou être nourri de force dans le rêve (participation à la sorcellerie)
5. Toujours s'efforcer de gravir une montagne (l'ennemi vous fait souffrir pour survivre)
6. Se retrouver piégé dans un trou (l'ennemi vous a emprisonné)
7. Un vent fort souffle contre vous (des défis vous attendent)
8. Si vous perdez quelque chose d'important comme vos chaussures (des ennuis sur votre chemin, priez)
9. Vos documents volés dans un rêve (l'ennemi essaye de les rendre inutiles)
10. On vole vos habits (attaque contre votre honneur et votre prestige)
11. Vous transportez de lourdes charges (l'ennemi essaye de vous assiéger avec des problèmes)

12. Vous passez toujours un examen sans jamais l'achever (esprit de frustration et d'échec)
13. Les ténèbres dans vos rêves (l'aveuglement spirituel)
14. Le feu détruisant vos biens (les calamités et les problèmes)
15. Un voyage sans fin (la frustration)
16. Vous êtes touché par une flèche ou une arme (l'affliction en vue)
17. Vous vous voyez vêtu de haillons (esprit de pauvreté)
18. Vous vous voyez nu dans vos rêves (la honte et l'insécurité)
19. Le vol de votre robe ou bague de mariage (attaque contre votre mariage)
20. Le vol de vos clés (l'ennemi essaye de mettre un terme à votre autorité spirituelle)
21. Les voleurs attaquent votre maison et emportent des biens (vide spirituel ou attaque)
22. Un enfant se perd (priez contre la mort)
23. Rêve sur des mascarades (attaques de sorciers)
24. Des attaques de chien (démons sexuels)
25. Les attaques de serpents et de chats (attaques des sorciers)
26. Se voir mordre par un serpent (l'ennemi vous empoisonne). Tout serpent que vous voyez dans

votre rêve et que vous ne tuez pas pourrait revenir, priez donc avec ardeur.

27. Vous vous voyez en train d'être lynché (tentatives pour salir votre réputation)
28. Quelqu'un qui vous maudit dans votre rêve (les forces d'affliction vous suivent)
29. Des saignements (attaques de sorcier contre votre santé)
30. Relations sexuelles permanentes (mari ou femme de nuit)
31. Vous vous retrouvez toujours dans votre enfance (esprit de retardement)
32. Vous vous voyez mort dans le rêve (mort financière, spirituelle, physique)
33. Vous voyez des cadavres (attaques par l'esprit de mort)
34. Vous vous voyez toujours fatigué (l'ennemi vous fait travailler en vain)
35. Vous vous voyez toujours en pleurs dans les rêves (l'ennemi prévoit de graves afflictions contre vous)
36. Vous vous voyez en train de vomir (l'ennemi essaye de vous faire perdre vos vertus)

Ces interprétations vous aideront à donner un sens à vos rêves. Mais priez que le Saint-Esprit vous aide à avoir l'interprétation exacte.

SUJETS DE PRIERE

1. *Seigneur, je te remercie pour cette journée, pour l'onction de révélation divine sur ma vie.*
2. *Je t'adore parce que tu es le Dieu qui sait tout.*
3. *Seigneur, je me repens d'avoir ouvert ma vie de quelque manière que ce soit au péché, permettant au diable d'attaquer mes rêves.*
4. *Ô Seigneur purifie ma vie, mon corps, mon âme, mon esprit par le sang de Jésus-Christ.*
5. *Ô Seigneur ouvre mes yeux afin que je comprenne la véritable signification de ce rêve au nom de Jésus.*
6. *Seigneur, aide-moi à saisir la sagesse que tu me communiques au travers de ce rêve au nom de Jésus-Christ.*
7. *Que toute puissance de l'ennemi qui vole tous mes bons rêves soit détruite au nom de Jésus.*
8. *Je lie et chasse de ma vie tout démon responsable de mauvais rêves et de cauchemars au nom de Jésus.*
9. *Je réclame ma victoire sur tous les esprits de mauvais rêves au nom de Jésus.*

10. *Je brise tout joug de cauchemars sur ma vie au nom de Jésus.*
11. *Je condamne toute langue qui s'élève contre ma vie à tous les niveaux.*
12. *J'efface tout mauvais rêve au nom de Jésus.*
13. *Je déclare que les plans de l'ennemi contre ma vie ne vont jamais se réaliser au nom de Jésus.*
14. *Je commande une restauration au septuple de tout ce que l'ennemi m'a volé.*
15. *Je ferme toute porte de ma vie ouverte au diable aujourd'hui.*
16. *Je scelle mon corps, mon âme et mon esprit avec le sang de Jésus.*
17. *J'entoure toute ma vie du feu du Saint-Esprit.*
18. *A partir de ce jour, je déconnecte ma vie de tout réseau satanique au nom de Jésus.*
19. *Seigneur dirige mes pas afin que je ne suive pas les voies de destruction.*
20. *Seigneur soit mon bouclier de jour comme de nuit.*
21. *Je te dédie tout le travail de mes mains au nom de Jésus.*
22. *Quand je me couche, que mon sommeil soit doux au nom de Jésus.*

28ème JOUR : L'ONCTION DE L'EXCELLENCE

Lisez : *1 Samuel 10:1-7, 1 Corinthiens 1:21-31, Prov. 2:1-5, Colossiens 2:3*

"L'Eternel fera de toi la tête et non la queue, tu seras toujours en haut et tu ne seras jamais en bas lorsque tu obéiras aux commandements de l'Eternel ton Dieu que je te prescris aujourd'hui, lorsque tu les observeras et les mettra en pratique. » (Deut.28:13)

À ce point, ce que vous devez comprendre c'est où Dieu vous emmène. Il vous emmène du péché à la sainteté, de l'esclavage à la liberté, des malédictions aux bénédictions, de la pauvreté à la prospérité, de l'enfer au paradis. Il n'est pas seulement préoccupé à détruire les fondements maléfiques qui font stagner votre vie, il veut aussi vous faire exceller. Lorsqu'il a fallu délivrer les *enfants d'Israël d'Égypte, il a dit :*

« Je suis descendu pour le délivrer de la main des Egyptiens, et pour faire monter ce pays dans un bon et vaste pays, dans un pays où coulent le lait et le

miel, dans les lieux qu'habitent les Cananéens, les Héthiens, les Amoréens, les Phéréziens, les Héviens et les Jébusiens. » (Exode 3:8)

Lorsque Paul enseignait sur notre délivrance en Christ, il a clairement démontré que le but était de nous séparer du péché et des malédictions pour nous amener dans un lieu de bénédictions. Vous devez le savoir et vous efforcer d'y entrer.

« Christ nous a rachetés de la malédiction de la loi, étant devenu malédiction pour nous, car il est écrit : Maudit est quiconque est pendu au bois, afin que la bénédiction d'Abraham eût pour les païens son accomplissement en Jésus-Christ, et que nous reçussions par la foi l'Esprit qui avait été promis. » (Gal. 3:13-14)

Je voudrais que vous releviez l'expression « afin que » dans le verset ci-dessus. Il dénote que sa mort avait un but. C'était un investissement divin. Le bénéfice de cet investissement est ce que Dieu veut voir dans votre vie. Si les âmes ne sont pas sauvées, Jésus-Christ serait donc mort en vain. Si les gens continuent à ployer sous le joug de la douleur, la pauvreté et la misère alors, le but de sa mort n'est pas atteint.

DIEU VEUT ET S'ATTEND A CE QUE VOUS EXCELLIEZ DANS LA VIE

« L'Eternel fera de toi la tête et non la queue, tu seras toujours en haut et tu ne seras jamais en bas lorsque tu obéiras aux commandements de l'Eternel ton Dieu que je te prescris aujourd'hui, lorsque tu les observeras et les mettras en pratique. » (Deut 28:13)

Votre place dans la vie est toujours en haut et jamais en bas. Notez l'expression « tu ne seras jamais ». Cela signifie que Dieu ne prévoit pas une vie de péché, d'oppression, d'échec et de pauvreté dans son programme pour vous. Jésus-Christ vous appelle dans un royaume des rois afin que vous puissiez régner dans la vie avec lui.

« Et il a fait de nous des rois et des sacrificateurs pour Son Dieu et Père, à Lui soit la gloire et la puissance, aux siècles des siècles. Amen » (voir aussi Apoc. 17:14,16).

Dieu voudrait que vous ayez la victoire sur le péché, le diable, le monde, la misère, la maladie, la mort prématurée, les malédictions, etc. Il est donc temps pour vous de vous lever et d'avancer vers le meilleur de ce que Dieu a pour vous.

L'ONCTION DE L'EXCELLENCE

Il ne suffit pas de travailler d'arrache-pied pour réussir dans la vie. Je ne décourage pas le culte de l'effort, c'est aussi une des clés de l'excellence dans tous les domaines de la vie (Prov. 6:6-9). La première chose que vous devez comprendre est que le meilleur dans la vie c'est l'onction. L'onction est une dimension surnaturelle de votre vie qui vous garantit des résultats pour tous vos efforts.

Ce que fait l'onction de l'excellence :

1. **La capacité d'acquérir des richesses**

   « C'est la bénédiction de l'Éternel qui enrichit, et il ne la fait suivre d'aucun chagrin. » (Prov.10:22) Voir aussi Deut. 8:18.

   Vous ne pouvez pas finir au bas de l'échelle si Dieu libère cette bénédiction (onction) sur votre vie. Lorsqu'on versa l'huile sur Saül, les circonstances changèrent soudainement en sa faveur. (1 Sam. 10:1-17).

2. **La faveur avec les hommes**

   Samuel dit à Saül qu'il rencontrerait trois hommes qui lui donneront deux pains (1 Sam. 10:4). Ses besoins ont été satisfaits en raison de la faveur de Dieu sur sa vie.

« Car tu bénis le juste, ô Eternel ! Tu l'entoures de ta grâce comme d'un bouclier. » (Psaumes 5:12).

Cette onction de l'excellence sur vous, attirera beaucoup de faveur de la part des hommes. Je veux que vous sachiez que ceux qui excellent dans différents domaines de la vie ne sont pas meilleurs que vous. La différence dans la plupart des cas c'est la faveur qu'ils attirent.

3. **Connexions divines**

   Samuel a dit à Saül qu'il rencontrerait trois groupes de personnes ce jour-là (1 Sam. 10:1-7). Le premier groupe était celui de deux hommes qui avaient l'information dont il avait besoin sur les ânesses perdues. Le deuxième groupe était celui de trois hommes qui avaient le pain dont il avait besoin. Le troisième groupe était celui des prophètes qui avaient l'onction dont il avait besoin pour manifester sa destinée. Ce même jour il rencontra toutes ces personnes et tout se passa comme le prophète lui avait annoncé. L'onction de l'excellence qui vient sur vous va vous connecter à vos assistants divins et tout ce que vous aurez à faire sera d'accomplir votre destinée. Recevez-la au nom de Jésus.

4. La sagesse divine

« Mais Christ est puissance et sagesse de Dieu pour ceux qui sont appelés, tant Juifs que Grecs. » (1 Cor. 1:24)

Jésus-Christ est entré dans votre vie pour vous rendre sage afin que Dieu puisse utiliser l'insensé que vous êtes pour confondre les sages de ce monde. Vous devez implorer Dieu afin qu'il vous comble de sagesse divine. L'une des définitions de la sagesse divine est la capacité à faire les choses à la manière de Dieu. Vous ne pouvez pas gérer les affaires de votre vie et de votre famille à la manière de Dieu et échouer. Le Saint-Esprit est appelé l'Esprit de Sagesse (Esaïe 11:2). Jésus-Christ s'appelle la sagesse de Dieu (1 Cor. 1:24). La Bible décrit aussi ce que cette sagesse fera pour vous,

« Voici le commencement de la sagesse : acquiers la sagesse, et avec tout ce que tu possèdes acquiers l'intelligence. Exalte-la, et elle t'élèvera ; elle fera ta gloire, si tu l'embrasses ; elle mettra sur ta tête une couronne de grâce, elle t'ornera d'un magnifique diadème. » (Prov.4:7-9).

Comment pouvez-vous porter Jésus-Christ et le Saint Esprit dans votre vie et échouer ? Cette sagesse commencera à se manifester dans votre vie à partir d'aujourd'hui au nom de Jésus. Les bonnes choses qui vous ont échappé commenceront à courir vers vous. Vous jouirez du fruit de votre travail. Les gens qui vous détestaient vont œuvrer pour votre promotion. Ce que vous ne pouviez obtenir par vos propres efforts viendra à vous par faveur divine. Vous deviendrez un grand gagneur d'âmes pour le royaume de Dieu. Et par-dessus tout, vous ne raterez pas le ciel.

SUJETS DE PRIERE

1. *Seigneur, merci pour cette journée.*
2. *Seigneur, je t'adore de ce que tu m'as délivré et tu m'as amené dans un lieu nouveau.*
3. *Ô Seigneur, purge-moi de toutes les sottises que j'ai apprises et qui s'opposent à ta sagesse.*
4. *Ô Seigneur, je dénonce ma propre sagesse et la sagesse de ce monde et j'abandonne ma vie à ta sagesse.*
5. *Seigneur, enseigne-moi tes voies, et que je devienne sage.*
6. *Je m'engage à payer le prix que cela me coûtera pour devenir sage selon ta volonté.*
7. *Seigneur, oins-moi avec l'huile d'excellence aujourd'hui.*

8. *Oins ma tête, mes mains, mes pieds, ma bouche, mes yeux et mes oreilles.*
9. *Seigneur, oins mon utérus spirituel pour la fécondité divine.*
10. *Seigneur, oins-moi de grâce afin que je perçoive ma destinée.*
11. *Seigneur, fais en sorte que je trouve faveur aux yeux des hommes.*
12. *Ô Seigneur, connecte-moi à mes assistants divins.*
13. *Bénis-moi énormément et fais de moi une bénédiction.*
14. *Seigneur, ne me donne pas ce qui va me faire perdre le ciel.*
15. *Père, que je ne manque de rien de tout ce qui m'aidera à accomplir ma destinée ici-bas.*
16. *Seigneur, connecte-moi à toutes les informations dont j'ai besoin pour passer au niveau supérieur.*
17. *Que toutes les puissances démoniaques qui essayent de me clouer au sol reçoivent le feu.*
18. *Seigneur, établis tous les domaines de ma vie sur le roc et que je ne retombe plus.*
19. *Oins-moi de l'esprit d'excellence.*
20. *Priez longtemps en langues.*

29ème JOUR : COMMENT ACCOMPLIR VOTRE MISSION DIVINE

Lisez : *Jérémie 1:1-19, Esaïe 49:1-7, Psaumes 139:13-18*

« Car je connais les projets que j'ai formés sur vous, dit l'Eternel, projets de paix et non de malheur, afin de vous donner un avenir et de l'espérance. » (Jérémie 29:11)

Tout ce que Dieu a créé a un but, y compris vous. Ne vous trompez pas en pensant que vous êtes une erreur biologique ou quelqu'un qui est venu au monde pour accompagner les autres. Vous êtes unique, vous êtes une créature si merveilleuse, vous avez été créé(e) pour accomplir une tâche spécifique dans le plan mondial de salut de Dieu. Vous êtes aussi profondément aimé de votre créateur. Votre but divin est donc la mission que Dieu a préparée pour vous avant votre naissance.

Vous devez savoir que vous avez existé dans le plan de Dieu avant même votre conception dans le sein de votre mère (Jér. 1:5). Vous devez également collaborer avec le Saint-Esprit pour une préparation divine. Vous devez patiemment attendre l'introduction divine. Votre préparation détermine jusqu'où vous pouvez aller. Dieu, dans Esaïe 49:2 vous appelle une flèche. Il vous aiguise afin que vous puissiez toucher votre cible. Par l'onction du Saint-Esprit, vous et vos enfants traverserez toutes les barrières et accomplirez votre mission divine. Vous ne serez pas des flèches mal orientées au nom de Jésus. Aujourd'hui, alors que vous cherchez Dieu avec un cœur ouvert, le Saint Esprit va commencer à vous connecter à votre destinée. Même ceux que Dieu a ordonnés pour vous aider à accomplir votre destinée divine se connecteront à votre réseau.

Vous devez mettre l'accent sur la sainteté dans votre vie si vous voulez accomplir votre destinée. Dieu ne sponsorise pas le mal. Tout domaine de votre vie que vous essayez de développer en utilisant des méthodes malicieuses échouera. Sans l'approbation divine, tout succès terrestre est inutile sur le plan céleste.

SUJETS DE PRIERE

1. *Seigneur, merci pour cette journée et merci de m'avoir donné la grâce de jeûner et de prier jusqu'à cette heure.*
2. *Remercie Dieu pour son plan divin pour ta vie, ta famille, etc.*
3. *Remercie Dieu pour le niveau auquel tu te trouves dans ce plan divin.*
4. *Ô Seigneur, ouvre mes yeux pour voir clairement le plan que tu as pour ma vie, mon ministère, etc.*
5. *Ô Seigneur, donne-moi la grâce de m'accrocher à ton plan pour ma vie.*
6. *Ô Seigneur, je rejette tout plan humain qui contredit ton plan pour ma vie.*
7. *Seigneur, connecte-moi à tout ce dont j'ai besoin pour accomplir ma mission divine au nom de Jésus.*
8. *Seigneur, pourvoie à tous mes besoins pour l'accomplissement de ma mission divine.*
9. *Seigneur, lève-toi et détruis toute puissance qui s'oppose à ma destinée.*
10. *Ô Seigneur, détruis tous les tueurs de destinée dans ma vie par le feu.*
11. *Seigneur, donne-moi la grâce de jeûner et de prier pour que toutes les dimensions de ma destinée se manifestent.*

12. *Ô Seigneur, fortifie-moi dans mon homme intérieur afin que je puisse payer n'importe quel prix nécessaire à la manifestation de ma destinée.*
13. *Ô Seigneur, que je trouve grâce devant toi et devant les hommes.*
14. *Seigneur, aide-moi ainsi que tous les membres de ma famille à accomplir nos destinées divines.*
15. *Ô Seigneur, aide mon pasteur à accomplir sa destinée.*
16. *Seigneur, oins le pasteur Godson afin qu'il accomplisse sa destinée.*
17. *Seigneur, donne à chacun de nous la grâce de transformer tout handicap naturel en atout.*
18. *Seigneur, fais-moi briller comme une étoile dans cette génération.*
19. *Que ta lumière en moi attire toutes les bonnes choses que tu as destinées pour moi.*
20. *Prenez du temps aujourd'hui pour prier pour les rêves et les visions que Dieu vous a révélés concernant votre avenir.*

30ème JOUR : RÉJOUISSANCES ET TÉMOIGNAGES

Lisez : *Psaumes 107, Psaumes 149, Psaumes 150, Psa. 40: 1-5*

« Offre pour sacrifice à Dieu des actions de grâces, et accomplis tes vœux envers le Très-Haut. Et invoquemoi au jour de la détresse, je te délivrerai, et tu me glorifieras. » (Psaumes 50:14-15)

Cette journée est réservée pour rendre ministère au Seigneur. Nous ne lui demandons rien, mais nous allons le louer, autant que nous le pouvons.

« Pendant qu'ils servaient le Seigneur dans leur ministère et qu'ils jeûnaient, le Saint-Esprit dit : « Mettez-moi à part Barnabas et Saul pour l'œuvre à laquelle je les ai appelés » (Actes 13:2).

Aujourd'hui est un jour où vous allez compter les bénédictions que Dieu a libérées sur votre vie durant cette période d'un mois de jeûne et de prière. Donnez-lui toute la louange et l'adoration pour tout ce qu'il a fait. Passez du temps à louer Dieu et restez à l'écoute du Saint-Esprit pour les prochaines étapes concrètes que vous aurez à suivre dès maintenant. Aujourd'hui, je vous encourage aussi à faire une offrande d'actions de grâce au Seigneur. Cette offrande va largement contribuer à apporter l'Évangile à des millions de personnes dans le monde. En 2012, nous voulons que PRAYER STORM passe à la télévision et sur certaines stations radio à travers le pays. Vous pouvez rejoindre ce mouvement.

Ce jour est aussi un jour de témoignages. Identifiez ce que Dieu a fait et commencez en à parler avec d'autres personnes. Votre témoignage suscitera la foi dans le cœur d'une personne. La bible nous fait comprendre que notre témoignage du salut est une arme meurtrière contre le diable,

« Ils l'ont vaincu à cause du sang de l'agneau et à cause de la parole de leur témoignage, et ils n'ont pas aimé leur vie jusqu'à craindre la mort. » (Apocalypse 12:11)

Quand vous rendez témoignage de ce que Dieu a fait dans votre vie, vous donnez un K.O spirituel au diable. Si vous voulez être toujours au top, apprenez à témoigner.

Comment partagez vos témoignages ? Faites-le à l'église, au cours d'une réunion dans une maison de prière, par un courriel à un bien-aimé, un appel téléphonique, un sms, dans un bulletin chrétien, etc. ne cachez pas votre témoignage. Sachez que plus vous témoignez, plus Dieu vous donne des témoignages.

AUTRES PUBLICATIONS DU RESEAU CHRETIEN DE RESTAURATION :

- Le pouvoir doit changer de camp Tome 1 : Traiter avec les mauvaises fondations
- Le pouvoir doit changer de camp Tome 2 : Poursuis, dépasse et récupère tout
- Le pouvoir doit changer de camp Tome 3 : Jésus-Christ doit régner
- Le pouvoir doit changer de camp Tome 4 : Lève-toi et brille
- Le pouvoir doit changer de camp Tome 5 : La restauration des familles 1
- Le pouvoir doit changer de camp Tome 6 : La restauration des familles 2
- Une vie de prière dynamique
- Prier comme Jésus
- Vaincre le géant appelé pauvreté
- Une vie généreuse
- Lie l'homme fort
- La délivrance personnelle et familiale
- Faire la différence par le feu
- Ton moment d'expansion divine
- Jésus : Notre jubilé
- Le choix d'un ami

- ❖ Les Chrétiens et la politique
- ❖ Tempête de prière : guide de prière quotidienne (mensuel)

Pour obténir des copies, veillez contacter votre librairie locale ou envoyez votre commande à :

Prayer Storm Team
P.O. Box 5018
Nkwen, Bamenda
Tel.: (237) 679465717 or 677436964
godsontnembo@gmail.com

NB : *Nos livres sont disponibles en imprimés et copies électroniques*

www.ingramcontent.com/pod-product-compliance
Lightning Source LLC
LaVergne TN
LVHW020712110826
845149LV00012B/2221

* 9 7 8 0 9 9 8 1 4 3 6 2 0 *